유아 교사를 위한

의사소통능력

COMMUNICATION COMPETENCE

유아 교사를 위한
의사소통능력

이상수 지음

교문사

PREFACE

인간은 사회적 동물이다. 태어나면서부터 다른 사람들과의 관계를 지속적으로 유지하면서 살아가는 존재이다. 가장 기본적인 가족의 구성원이 되고 영유아 교육 기관, 초등학교, 중고등학교, 대학교를 거치면서 각기 소속된 집단의 구성원으로 활약하며, 대인 관계의 양적인 측면에서 매우 방대해지는 것이 보편적이다. 하지만 질적인 측면에서 보면 여러 대인 관계 유형과 상황에 따른 타인과의 상호 작용은 실수의 연속이다. 물론, 이러한 경험을 통해서 사회 구성원들과의 유대감은 지속적으로 개선되고 발전한다. 그렇다면 이러한 경험과 지식 이전에 대인 관계에서 요구되는 원활한 의사소통을 이론적으로 정립하고 그 내용을 일상생활 속에서, 또는 습관이나 버릇 등에 응용하고 실천한다면 좀 더 안정적인 타인과의 유대감이 형성되는 데 도움이 되지 않을까?

특히 영유아 또는 아동을 지도하는 교사의 입장에서 보면 자신뿐 아니라 지도하는 학생과의 소통, 그리고 유아들 간의 소통을 바탕으로 하는 유대감은 매우 중요한 문제이다. 다시 말해 타인과의 올바른 상호 작용을 통한 신뢰와 유대감은 영유아 시기에 그 바탕이 되는 그릇이 완성되어야 하므로 그 시기에 교사의 역할은 무엇보다 중요하다. 사회와 생활에서 어느 누구를 만나고 어떠한 관계를 형성하느냐에 따라 자신뿐 아니라 소속된 집단의 행복 지수와 업무적 성과가 결정될 수 있다는 점을 명심하여야 한다.

저자는 수년간 대학에서 직업 기초 능력 과목으로 의사소통과 대인 관계를 강의를 하면서 2017년도에 산업인력공단에서 제시한 의사소통 학습자 워크북을 현실에 맞게 수정·보완했던 경험이 있다. 하지만 현재는 제시된 내용도 권장하던 NCS 기반 교육과정이 역량 기반 강화 교육으로 변화하므로 보다 유연한 과정이 요구된다. 또한 여러 전공의 학생들과 만나면서 해당 전공에 필요한 기초 지식, 인성교육을 접목시킬 필요성에 대하여 꾸준히 생각해 왔다. 따라서 유아교육 교사를 미래의 직업으로 희망하는 학생들에게 현실적인 목표에 맞게 왜, 그리고 어떻게 실천할 것인가 하는 부분을 핵심 내용으로 집필하게 되었다.

이 책을 통하여 의사소통의 이론적 정립과 올바른 의사소통에 대하여 한번 생각해 보고 생활 속에서 작은 것부터, 그리고 가까운 사람에게부터 실천할 수 있기를 바란다. 또한 앞뒤가 '맞지 않는 말', '말뒤에 숨어서 상대방을 시험하는 말과 행동'에서 벗어나 보다 자신감 있고 진솔하게 상대와 신뢰감을 쌓을 수 있는 의사소통의 능력자가 되길 기대한다.

2020년 12월

이상수

CONTENTS

6 자기 조절 능력

7 의사소통을 위한 훈련

8 유아교육과 의사소통

COMPOSITION

본 저서는 총 8장으로 구성되어 있다.

전체적인 내용은 의사소통 전반의 이해를 돕기 위해 의사소통의 정의를 바탕으로 연관된 하위 그룹인 언어와 관련된 경청과 의사 표현, 문서와 관련된 문서 이해와 문서 작성, 그리고 의사소통과 대인 관계 측면에서 자기 조절 능력에 대하여 살펴보았다. 기존의 하위 그룹 중에서 기초 외국어 능력 대신 자기 조절이 포함된 것은 자신뿐 아니라 교사의 입장, 그리고 아이들의 지도 측면에서도 자신의 감정과 생각을 표출할 때 표현을 조절할 수 있는 능력이 중요하게 요구되기 때문이다.

먼저, 1장에서는 의사소통의 전반적인 개념 정립과 의사소통의 의미와 중요성에 대하여 살펴보고, 큰 틀에서 소통의 도구가 되는 말(언어)과 글(문서)의 측면에서 올바른 활용과 저해 요인 및 잘못된 사례 등을 간략히 정리하였다.

2장과 3장에서는 문서와 관련된 의사소통의 내용을 다루고 있다. 글을 읽고 이해하는 문서 이해의 의미와 훈련 방법을 살펴보고, 내가 문서(글)를 작성하여 상대방을 이해시키고 설득하는 문서 작성의 내용을 정리하였다.

4장과 5장에서는 언어로 활용되는 듣고 말하는 의사소통을 자세하게 다루고 있다. 먼저 듣는 청자의 입장에서, 즉 말을 하는 화자의 입장에서 구분하여 살펴보고 친교적 관계와 공적인 업무 관계에 따라 정리하였다.

6장에서는 자기 조절 능력의 의미와 중요성, 그리고 물리적·이론적 개념의 정립을 정리하였고, 여러 사례들을 통하여 자기 조절 능력과 분노 조절과 관련된 내용을 살펴보았다.

7장에서는 의사소통의 활용 부분을 다루고 있다. 이를 위하여 시사 프로그램에서 소개된 사회적 이슈 및 사례 등을 통하여 그룹별로 토의하여 협의하고 결론을 도출하는 과정으로 진행된다. 이를 통하여 문서를 읽고(문서 이해), 조원과의 토론(경청 및 의사 표현), 그리고 결과를 문서로 정리(문서 작성)하는 일련의 의사소통 과정을 총체적으로 훈련되도록 구성하였다.

8장에서는 유아교육 전공자를 위한 의사소통 전반의 내용을 정리하였다. 유아 교사들이 현장에서 작성하는 여러 유아 관련 기록 서류(문서)들의 이해와 작성에 대하여 학습하도록 하였다. 더불어 유아들과의 소통에서 주의할 내용과 상황에 따른 대처 요령을 포함하고 있다.

의사소통능력 체계도

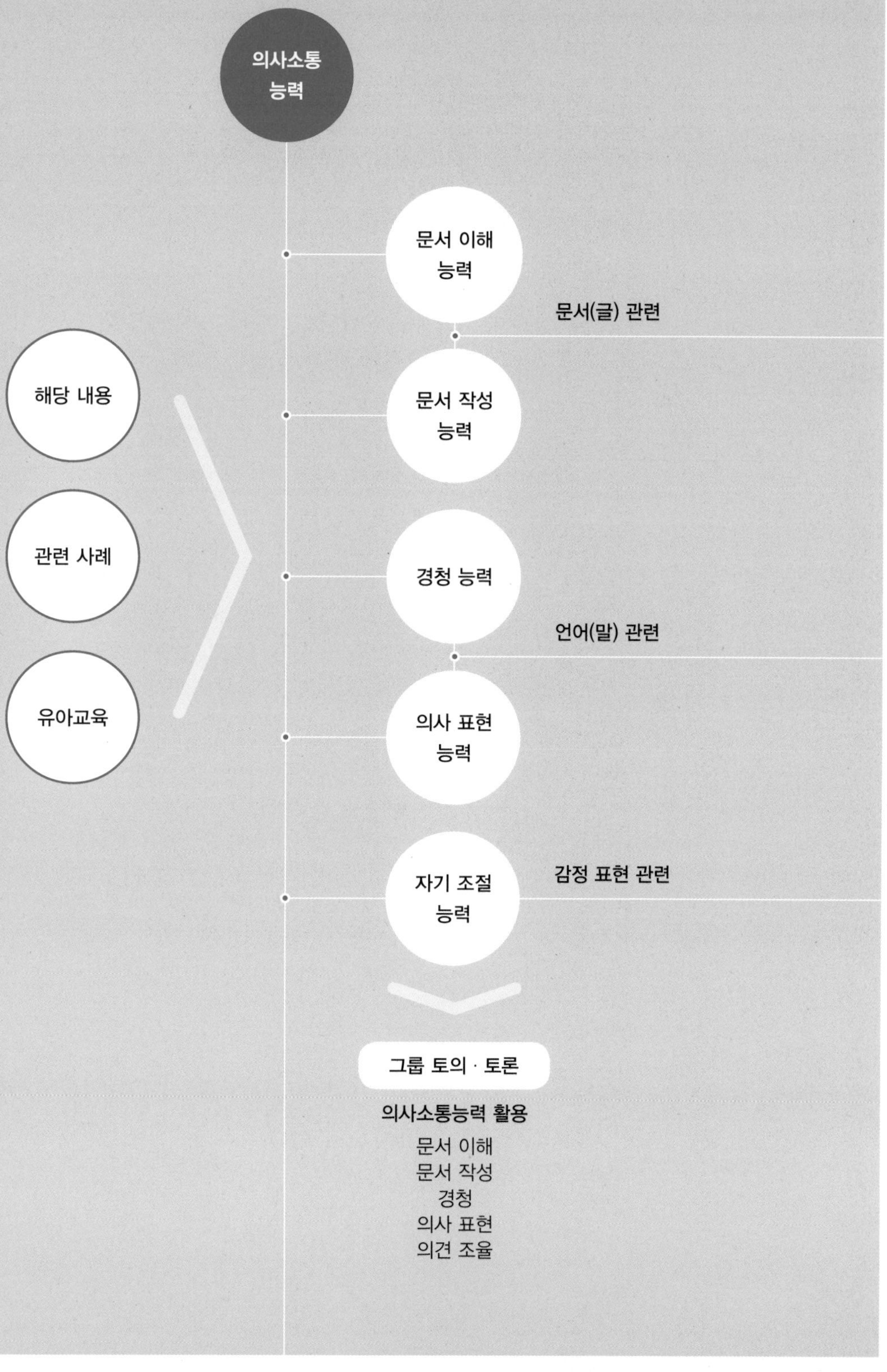

의사소통 능력
문서 이해 능력
문서(글) 관련
문서 작성 능력
해당 내용
관련 사례
유아교육
경청 능력
언어(말) 관련
의사 표현 능력
자기 조절 능력
감정 표현 관련
그룹 토의 · 토론
의사소통능력 활용
문서 이해
문서 작성
경청
의사 표현
의견 조율

1

의사소통능력의 이해

QUESTION

나의 일상생활 습관 중에 장점은 무엇이 있는가?

1. 의사소통의 개요

의사소통이란 행위의 대상이 있는 상호 작용이며, 사람의 사고, 감정 등을 교환하고 교류하는 행위를 말한다.

의사소통은 입'말'의 의미인 구어(oral language)나 문서(장)의 문어(written language)를 수단으로 하며 상대방과 소통적 대화를 하거나 문서를 통해 의견 등을 주고받을 때, 서로 전달하고자 하는 의미를 정확하게 교류할 수 있는 능력을 의사소통능력이라 한다.

사회생활에서 원만한 대인 관계와 직업인으로서 업무의 성과를 높이기 위해서는 공감이 바탕이 되는 올바른 의사소통의 이해와 실천이 요구된다(산업인력공단에서 제시하고 있는 직업 기초 능력에 포함되는 의사소통능력은 우리말뿐 아니라 업무와 관련된 외국어를 활용한 의사소통도 포함된다).

소통에 대하여 TIP

- 단순히 같은 나라말로 자기의 생각을 읊는 것을 말하는가?
- 자기의 생각이라고 말할 때 그 생각이란 건 과연 어디까지를 의미하는 것인가?
- 상대의 기분에 맞춰, 상대를 봐 가며 지극히 의례적인 대화를 하는 것이 소통인가?
- 아니면 상대에게 진정 자신의 최대치를 드러내 보이려는 각오로 자기가 인식하는 범위 내에서 최선을 다해 진실되게 대화에 임하는 것이 소통인가?

참고: 동아일보(http://nuri.donga.com)

ASK | **평소에 알고 있는 의사소통은 무엇인지 작성해 봅시다.**

- 내가 생각하는 의사소통이란 어떤 것을 의미하는가?

2. 의사소통의 의미

의사소통의 영어 표현은 커뮤니케이션(communication)이다. 의사소통은 사회생활에서 서로의 생각, 사고, 감정, 느낌 등을 주고받는 상호 교류의 의미이고, 활용 수단으로는 언어적 요소인 '말'이나 비언어적 요소인 준언어와 문자로 표현되는 문서(글) 등이 있고, 의사소통은 이를 통해서 서로 공감한다는 의미이다.

1) 의사소통

의사소통이란 기본적으로 대상이 있어야 하며 의사의 전달과 상호 교류가 이루어짐을 뜻한다. 개인 또는 집단이 개인 간 또는 다른 집단에 대해서 정보, 사상, 감정, 의견 등을 전달하는 것과 그런 내용을 받아들이는 과정을 의미한다.

우리나라 속담 중에 있는 '가는 말이 고와야 오는 말도 곱다'는 말도 결과적으로 올바른 의사소통과 상호 교류의 맥락에서 이해할 수 있다. 따라서 상호 작용인 의사소통(커뮤니케이션)은 자신의 올바른 표현과 상대의 이해 정도에 따라 의미 전달의 성과가 변할 수 있으므로 상호 신뢰를 바탕으로 하는 공감 형성이 중요하다.

2) 커뮤니케이션

커뮤니케이션(communication)의 원래 뜻은 '상호 공통점을 나누어 갖는다'로, 라틴어 'communis(공통, 공유)'에서 나온 말이다.

지구상의 다른 생명체와 인간의 차이점 중에서 가장 큰 차이가 바로 상호 간의 다양한 의사와 감정의 소통 능력이다. 기본적으로 인간은 타인과의 상호 교류를 더 많이, 더 잘하고자 하는 욕구를 지니고 있다고 한다. 그러나 커뮤니케이션은 다양한 사회적 현상과 문제, 상대와의 복잡한 이해 관계, 다양한 문화적 배경 등이 복합적으로 연결되어 있기 때문에 결코 단순하지 않다.

따라서, 원활한 커뮤니케이션을 위해서는 소통의 성과나 결과에 치중하기보다는 상호 교류를 통한 공감의 과정으로서의 소통을 이해하는 것이 중요하다.

3. 의사소통의 요소

1) 송신자, 수신자

의사소통은 기본적으로 상대가 존재하여야 하기 때문에 개인 간 또는 개인과 조직, 조직과 조직 사이에서 일어나는 것이다. 여러 의사 표현의 수단을 통해서 내가 전달하고자 하는 의미를 상대방이 이해할 때(혹은 상대방이 전하고자 하는 의미를 내가 알아차렸을 때) 소통의 과정이 성립된다. 이는 소통의 주체는 '나'이지만, 교류할 대상이 없다면 소통 자체가 이루어지지 않는다는 것을 뜻한다.

2) 메시지

의사소통을 통해서 사람들은 '메시지(messages)'를 주고받는다. 메시지란, '상대방과의 공감을 통하여 이해시키려는 의도에서 만들어 내는 신호'라고 할 수 있다. 이러한 메시지의 효과적인 전달과 확실한 표현을 위하여 언어적 요소와 비언어적 요소, 그리고 문자의 구성 등을 매개로 전달한다. 이는 인간이 음성을 이용하거나(언어) 몸을 이용해서(비언어-준언어) 메시지를 만들어 내는 능력이 있고 문자를 통한 사고와 감정의 표현이 가능하기 때문이다.

3) 피드백

피드백(feedback)이란 수신자가 송신자에게 결과에 대한 반응을 표현하는 것을 말한다. 만약 내게 누군가 말을 하면 추임새나 맞장구 등으로 표현하는 것이며 상대방이 자신의 의견이나 감정을 공감하고 있다고 느끼게 만드는 효과로 소통의 활력소 역할을 한다.

4) 잡음

잡음(noise)은 상호 교류의 과정에서 메시지를 올바르게 이해하는 데 방해가 되는 것을 말한다. 송수신자 사이에서 발생하는 잡음으로는 물리적·심리적·의미적 잡음의 3가지 종류가 있다.

먼저 물리적 잡음은 실제 외부 환경에서 물리적으로 발생하는 잡음을 말한다. 주변에서 나는 시끄러운 소리 때문에 상대방과의 대화에 지장을 받는 경우를 생각할 수 있다.

심리적 잡음은 송수신자의 마음속에 일어나는 대화의 핵심에서 벗어난 다른 생각, 즉 잡념과 같은 것이다. 다른 생각을 하느라 대화 시에 집중을 못하는 심리적 상황을 말한다.

의미적 잡음은 전달되는 메시지의 의미를 이해하지 못해서(생소한 표현, 자신만 아는 용어 사용이나 외국어 등) 소통 자체가 이루어질 수 없는 경우가 해당한다. 또 어떤 특정한 표현에 대한 편견이나 선입견 등의 부정적인 감정의 요소도 의미적 잡음에 해당된다.

커뮤니케이션과 해석

TIP

진정한 소통 상황이란 해석을 통해 한 개체와 다른 개체 사이에 의미 공유가 일어났을 때를 말한다. 예컨대 송신자가 전달하고자 한 의미가 'AB'라면, 수신자 또한 이를 'AB'로 받아들이는 것(공유)이 필요하다. 만약 'BC'로 이해한다면 진정한 커뮤니케이션은 'B'에 해당하는 부분에서만 이루어진 것으로 볼 수 있다. 커뮤니케이션 과정에서 공유는 매우 중요하며, 이를 위해서는 해석이 반드시 필요하다. 커뮤니케이션에서 해석이 필요하다는 것은 경우에 따라 오해가 생길 수 있음을 의미한다. 메시지를 보내고 받는 과정에서 서로가 최선을 다한다 할지라도 메시지가 왜곡되거나 혼란이 발생할 수 있는 소지는 충분하다. 그래서 커뮤니케이션이 몹시 어려운 것이기도 하다.

참고: 네이버 지식백과(커뮤니케이션의 의미, https://terms.naver.com)

5) 환경

환경은 소통이 이루어지는 공간을 의미하며, 대화의 내용에 적합한 환경적 요소가 소통에 영향을 주는 것을 말한다. 소통 대상의 상태, 단위 등 소통의 내용과 목적에 맞는 적합한 공간을 찾는 것이 필요하다.

4. 직장생활에서의 의사소통

1) 직장생활에서 의사소통의 의미

직장생활에서의 의사소통이란 직업인이 직장 내에서 업무를 수행할 때 이루어지는 공식적인 의사소통을 의미한다. 직장생활에서의 올바른 의사소통은 조직의 업무적 성과와 사기를 높이는 효과가 있고 개인적으로는 업무 처리와 직장 내 대인관계 등의 평가에 반영되는 자료로 활용되기도 한다.

2) 직장생활에서 의사소통의 기능

의사소통은 조직과 팀원 간의 정보와 지식의 교류 및 전달 과정으로서, 여러 구성원의 노력으로 공통의 목표를 달성해 가는 집단 내의 기본적인 요소이고 업무적 성과를 결정하는 주요 기능이라 할 수 있다.

의사소통을 통해서 자신의 사고와 감정을 올바르게 표현하는 의사 표현의 향상과 타인의 생각과 느낌, 사고를 이해하려는 노력이 지속되어야 한다.

의사소통은 각기 다른 개인들이 모여 집단을 이루어 활동할 때 그 활동이 효과적으로 수행될 수 있도록 해준다. 이해와 공감을 바탕으로 서로 다른 사고를 일치시켜 주고, 공동의 목표를 수행함으로써 업무적 능률이 향상될 수 있다.

3) 직장생활에서 의사소통의 중요성

상대 또는 조직에서 내가 어떻게 평가되고 있는가에 대한 중요한 요소인 의사소통은 인간관계와 직장생활에서 필수 요소이며, 대인 관계의 기본 바탕이 된다.

의사소통은 다른 사람들이 서로에 대한 생각의 차이를 좁혀 주며 상호 간의 오해와 편견, 선입견을 줄이거나 제거해 줄 수 있는 수단이다.

직장에서의 올바른 의사소통을 바탕으로 하는 대인 관계는 팀원의 신뢰감 형성을 도와주고 결과적으로 업무 능률의 향상으로 이어진다.

4) 직장생활에서 의사소통 시 올바른 태도

의사소통은 일방적인 전달이 아니라 상호 작용의 과정이다. 따라서 내가 상대에게 올바른 의사 표현이 이루어지는가에 대한 것은 상대방의 입장에서 생각하고 고려해야 한다.

의사소통은 송수신자가 서로 노력하여 교류함을 전제로 한다. 일방적인 송신과

고액 연봉자 – "의사소통에서 뛰어나다." TIP

- **의사소통의 중요성**

아래의 표는 직장인의 임금을 기준으로 업무 능력에 대한 내용을 비교 분석한 것이다. 직업 기초 능력 10가지 중에서 두 임금 평균의 가장 큰 차이를 보이는 항목이 의사소통능력에 해당된다. 이것은 사회생활에 있어 직업인이 갖추어야 할 능력 중 의사소통의 비중이 그만큼 크고 중요한 요인이라는 것이다.

직업 기초 영역	업무 능력	저임금 평균	고임금 평균	차이
문서 이해 능력	읽고 이해하기	4.19	5.10	0.91
경청 능력	듣고 이해하기	4.14	5.05	0.91
문서 작성 능력	글쓰기	3.92	4.72	0.80
수리 능력	수리력	4.07	4.77	0.70
문제해결 능력	문제해결 능력	4.13	4.82	0.69

ASK **상호 간에 이루어지는 의사소통 종류에는 어떤 것들이 있을까?**

수신이 아니라 다른 이해와 사고를 가지고 있는 상대에게 공통적으로 공유할 수 있는 공감을 만들어 내기 위해 언어와 비언어적 표현, 그리고 문서의 수단을 통해 상호 노력하는 과정이다. 자칫 일방적인 자세가 되지 않기 위하여 의사소통의 정확한 목적을 알고, 공감하려는 자세가 필요하다.

REFERENCE 01

의사소통의 부재: 리더십과 카리스마

우리는 입버릇처럼 '성과'라는 말을 내뱉지만 이러한 성과를 얻기 위해서 어떻게 해야 하는지 구체적인 대안을 못 내놓는 경우가 많다. 나 역시 짧은 경력이지만 조직에서 팀장으로서, 회사의 대표로서의 역할을 하면서 '성과', '매출'이라는 말만 늘어놓았지 내가 구체적으로 무엇을 해야 할지 몰랐던 경우가 많았다. 혼자서 아등바등 부여잡고서 끙끙대거나 윽박지르듯 달달 볶아대듯이 다그치거나 하면서 '성과'가 나오기를 기다렸던 경험이 많았던 것 같다.

또한 이러한 행동이 '리더(Leader)'로서 조직을 이끌어 나가기 위해서 어쩔 수밖에 없는 결단이라고 합리화시켰다.

어찌 보면 이러한 나의 사고방식이 잘못된 '리더십'의 인식에서 시작된 것 같다는 느낌이 든다. 기껏해야 TV 드라마, 만화, 소설책 등에서 배워 온 전통적인 사고방식의 리더십인 카리스마=리더십이라는 인식이 남아 있어 모든 결단의 고통과 성과의 책임을 감내해야 한다고 느끼고 있던 것이다.

그러다 보니 "책임감 있고 일은 열심히 하지만, 그렇지만……?"이라는 말을 많이 들었다. 그건 아마도 혼자서는 열심히 일하지만 조직 관리를 위한 역량이 부족하다는 말일 것이다.

"내가 잘하면 조직이 잘되겠지!"라는 나를 중심으로 조직 관리를 했던 카리스마의 사고의 틀에서 벗어나 "더불어 함께 만들어 나가자!"라는 조직 내부의 유기적인 상호 작용에 의한 고객 지향 마인드의 변화가 나에게 절실하다는 것을 느꼈다.

또한 이제까지 하나에서부터 열까지 일일이 모든 것에 관여하여 감 놔라 대추 놔라 간섭하며 챙겼던 코트의 농구 선수가 아닌 '목표를 부여해 주는 목표 설정자', '그 목표를 잘 실행할 수 있도록 도와주는 조정자', '목표를 달성했을 때 단기적 성과 달성과 장기적 역량 개발 모두에 대해 적절히 평가해 주는 평가자'라는 코치로서의 역할 변화가 필요하다는 것이다.

이러한 변화를 위해서는 전체를 보는 사고와 다양한 분석 능력 등의 업무 역량 이외에 동기 부여, 임파워먼트, 코칭 & 멘토 등의 조직을 효율적으로 관리할 수 있는 다양한 리더십 역량을 꾸준히 배양해 나가야 한다.

성과라는 것이 모세의 기적처럼 한 사람 개인의 능력으로 뚝딱 창출되는 것이 아니라 리더와 조직 간의 끊임없는 커뮤니케이션을 통한 공감대를 통하여 만들어 나가는 것이다.

참고: 디지털 마케팅 커뮤니케이션 전략 트렌드 마켓 캐스트(http://www.marketcast.co.kr)

우리는 일상생활 또는 업무와 관련하여 다양한 방법과 수단으로 의사소통을 하고 있는데, 대표적인 것이 글(문서)과 말(언어)이다. 따라서, 올바른 의사소통을 위해서는 필요한 문서를 올바르게 이해하고 목적에 맞는 문서를 작성하여 한다. 언어적 측면에서는 나의 의지와 사고를 정확하게 표현하여야 하고 상대의 말의 핵심 내용을 정확히 파악할 수 있는 능력이 요구된다.

5. 문서로 이루어지는 의사소통

1) 문서를 통한 의사소통능력의 의미

문서를 통한 의사소통능력이란 글로 된 문서를 읽고 그 내용을 이해하고 핵심 요점을 파악하는 것과 실현하려는 목적과 시기, 상황에 맞는 정보를 효과적으로 전달하기 위해 문서를 작성할 수 있는 능력을 말한다.

문서의 이해와 작성 시에 다루는 문서의 종류로는 일상생활의 편지나 이메일, 메모 등이 있고, 업무적으로는 공문서, 기안서, 공지 사항 등 직무와 목적이 뚜렷한 매우 다양한 문서가 있다.

2) 문서적인 측면의 의사소통 구분

| 문서 이해 능력 |

필요한 문서를 읽고 구체적인 정보를 획득, 수집하고, 종합하기 위한 능력

| 문서 작성 능력 |

상황과 목적에 적합한 문서를 핵심 사항이 드러나도록 시각적이고 효과적으로 구성하고 작성하기 위한 능력

3) 문서적인 측면으로서 의사소통의 특징

문서적인 의사소통은 언어적인 의사소통에 비해 검토 등의 방법으로 정확성을 기할 수 있으며, 전달성이 좋고, 보존성도 크다. 그러나 문서적 의사소통은 언어적인 의사소통의 한계를 줄여 주는 부분도 있지만 정확하지 않은 이해와 작성으로 오히려 혼란을 야기할 수 있으므로 신중을 기하여야 한다.

6. 언어로 이루어지는 의사소통

1) 언어를 통한 의사소통능력의 의미

언어를 통한 의사소통은 의사소통의 수단으로 하는 방법 중에서 가장 오래된 것으로, 언어와 비언어에 의한 표현을 의미한다. 사람은 언어를 수단으로 하는 의사소통에 공식적이든 비공식적이든 간에 자신의 일생에서 대부분의(약 75%) 시간을 사용한다고 한다.

2) 언어적인 의사소통능력의 구분

| 경청 능력 |

원활한 의사소통을 위하여 상대방의 이야기를 집중하여 듣고, 내용과 의미를 파악하는 능력

| 의사 표현 능력 |

자신의 생각과 사고를 목적과 상황에 맞게 설득력을 가지고 표현하기 위한 능력

3) 언어적인 측면으로서 의사소통의 특징

언어적인 의사소통은 말의 일회성 때문에 문서를 통한 소통보다는 정확을 기하기 힘든 경우가 있는 단점이 있다. 그러나 직접적인 대화를 통해 상대방의 기분이나 감정을 좀 더 세밀하게 파악할 수 있고, 대화를 통하여 즉각적으로 상대방에게 설득시킬 수 있다는 장점이 있다.

우리는 생활에서 거의 대부분을 말하고 듣는 시간에 소비하는 만큼 올바른 경청 능력과 의사 표현 능력의 함양은 매우 중요하다.

REFERENCE 02

키슬러의 대인 관계 의사소통 양식지

사회생활에서 올바른 의사소통은 필수적인 사항이다. 상대의 말을 듣고, 나의 의견을 전달하지 않으면 어떤 일도 할 수 없다. 이렇게 우리 생활 전반에서 의사소통은 매우 중요한데 그렇다면 나의 대인 관계의 바탕이 되는 의사소통은 어떤 스타일일까?

다음에 제시된 키슬러의 대인 관계 의사소통 양식지에 체크하여 자신 스스로의 대인 관계 의사소통 스타일을 알아보자.

전혀 그렇지 않다	약간 그렇다	상당히 그렇다	매우 그렇다
1	2	3	4

순서	문항	1	2	3	4	순서	문항	1	2	3	4
1	자신감이 있다					21	온순하다				
2	꾀가 많다					22	단순하다				
3	강인하다					23	관대하다				
4	쾌활하지 않다					24	열성적이다				
5	마음이 약하다					25	지배적이다				
6	다툼을 피한다					26	치밀하다				
7	인정이 많다					27	무뚝뚝하다				
8	명랑하다					28	고립되어 있다				
9	추진력이 있다					29	조심성이 많다				
10	자기 자랑을 잘한다					30	겸손하다				
11	냉철하다					31	부드럽다				
12	붙임성이 없다					32	사교적이다				
13	수줍음이 있다					33	자기주장이 강하다				
14	고분고분하다					34	계산적이다				
15	다정다감하다					35	따뜻함이 부족하다				
16	붙임성이 있다					36	재치가 부족하다				

17	고집이 세다					37	추진력이 부족하다				
18	자존심이 강하다					38	솔직하다				
19	독하다					39	친절하다				
20	비사교적이다					40	활달하다				

채점과 해석

각 유형별 문항에 대한 응답을 아래의 칸에 합산하라. 그리고 아래 그림에 자신의 점수를 ○표로 표시하고 점수들을 연결하여 팔각형을 그려라.

팔각형의 모양이 중심으로부터 특정 방향으로 기울어진 형태일수록 그 방향의 대인 관계 의사소통 양식이 강하다고 해석된다(이 결과는 자신의 대인 관계 의사소통에 대하여 주관적으로 지각한 것일 뿐이므로 고정 관념을 갖지 않도록 유의하야 한다).

- 지배형 (1, 9, 17, 25, 33) ____________
- 실리형 (2, 10, 18, 26, 34) ____________
- 냉담형 (3, 11, 19, 27, 35) ____________
- 고립형 (4, 12, 20, 28, 36) ____________
- 복종형 (5, 13, 21, 29, 37) ____________
- 순박형 (6, 14, 22, 30, 38) ____________
- 친화형 (7, 15, 23, 31, 39) ____________
- 사교형 (8, 16, 24, 32, 40) ____________

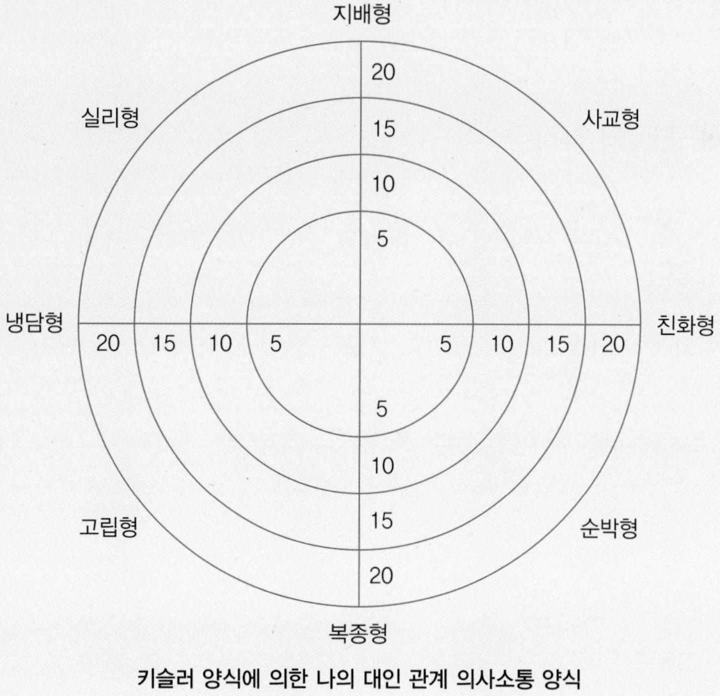

키슬러 양식에 의한 나의 대인 관계 의사소통 양식

7. 올바른 의사소통의 저해 요인

1) 일방적인 사고와 표현

우리는 대부분이 자신의 의사를 표현할 때 실수를 하지 않으려 주의를 한다. 하지만 의사소통의 의미가 상호 교류를 바탕으로 하기 때문에 상대방에 대한 배려가 전제되어야 한다. 다시 말해 말하는 사람의 일방적인 표현, 듣는 사람의 무작정 경청 태도가 이에 해당된다. 요즘 표현하는 신조어 중에 '답정너'라는 말이 있다. 답은 정해져 있으니 너는 듣기만 하고 상대의 의미 없는 대답만을 뜻하는 단어로, 일방적인 의사 표현의 잘못을 지적하고 있다. 이와 같은 무책임한 태도로 인해 소통의 오류가 발생할 수 있다.

- 의사소통의 미숙, 표현의 한계, 이해 능력의 부족

2) 정보 전달의 착각

정보 전달의 착각은 '말(전달)했는데', '알고 있는 줄 알았는데'라고 생각하는 것에서 출발하여 착각에 빠져 있기 때문에 서로의 정보가 공유가 안 된 것을 말한다. 자신의 잘못된 마음으로 서로에게 '엇갈린 정보'만 갖게 할 뿐이다.

- 평가적이며 판단적인 태도, 잠재적 의도

3) 지레짐작하는 마음

'그걸 꼭 말로 해야 아니?', '그 정도는 말하지 않아도 알겠지' 등과 같이 직접적이

편견과 선입견

(편견: 공정하지 못하고 한쪽으로 치우친 생각, 선입견: 어떤 대상에 대하여 이미 마음속에 가지고 있는 고정적인 관념이나 관점)

식사 후 같은 직장 동료가 부부 사이에 서운했던 것을 얘기한다. 남편과 아이 교육 문제로 마음이 언쟁이 있었다고 한다.

"우리 남편은 사소한 오해와 잘못에 대해서도 너무 직접적이고 극단적으로 지적해서 너무 마음이 상해."
"아마 혈액형이 B형이라 그런가 봐."
"B형의 그런 성향 정말 짜증나."
"A형인 내가 맨날 상처받는 거지 뭐."
"나는 그냥 A형도 아니고 AA인데……."
"그래서 더 소심한데……."

이런 대화를 나누다 보니 우리가 쉽게 접하는 편견과 선입견에 대하여 생각하게 되었다. 나도 모르게 의사소통의 중요한 덕목인 다름을 이해하고 상대를 있는 그대로 받아들여야 하는데 내 마음속에 상대에 대한 생각과 판단이 미리 자리잡고 있는 건 아닌지…….

여러분이 생각하는 혈액형과 성격의 관계는 어떤가?

: 들었던 내용 혹은 "그런 것 같다"라고 생각하는 내용을 적어 보라.

혈액형	성격
A형	
B형	
O형	
AB형	

REFERENCE **04**

훈육자가 자녀에게 표현하는 잘못된 의사소통 Best 10

1. "불평 그만하고 방으로 가. 숙제해!"
   : 명령, 지시

2. "이번에도 시험 성적 떨어지면 용돈이고 뭐고 없을 줄 알아!"
   : 경고, 위험

3. "도대체 누굴 닮아서 그렇게 머리가 나쁘니?"
   : 판단, 비난

4. "넌 하는 짓마다 갓난아기 같구나. 그걸 꼭 해야 되겠니?"
   : 욕설, 조롱

5. "그런데 너 숙제는 다했니? 숙제하기 싫어서 이러는 거지?"
   : 갑자기 화제 바꾸기

6. "학생의 본분은……" (한 시간 설교)
   : 훈계, 설교

7. "엄마가 시키는 대로만 하면 돼. 엄마가 하라는 대로만 해."
   : 충고, 해결 방법 지시

8. "옆집의 상민이는 시험 백 점 맞았다더라."
   : 비교, 분석

9. "엄마는 너 때문에……엄마 인생을 포기하고……"
   : 한탄, 원망

10. "엄마 지금 바쁘니까 다음에 이야기하자."
    : 거절, 회피

훈육자가 흔히 하는 잘못된 의사소통 유형 10가지는 속상해서이기도 하지만 부모들이 실은 자녀를 사랑하기 때문에 하는 말들이기도 하다. 그런데 이러한 말들이 아이에게는 큰 스트레스와 짜증, 억눌린 감정, 자존감 낮아짐, 의기소침, 반발 등을 유발시킨다. 긍정적이고 자신감 있는 아이로 양육하기 위해선 좋고 희망적인 의사소통을 하되 잘못에 관해서는 구체적인 이유와 함께 아이를 설득하는 것이 좋은 방법이 될 수 있다.
특히나 아동들은 부모로부터 인정과 공감받기를 원하고 자신의 의견을 표현하고 싶어한다. 따라서 섣부른 판단, 훈계, 충고를 해주기보다는 아이가 스스로 말할 수 있도록 기다려 주고 "그렇구나, 힘들었겠다" 하고 먼저 아이의 감정을 읽어 주며 공감해 주어야 한다.

참고: 아동청소년심리상담센터 청담 하버드(http://blog.naver.com)

고 사실적인 표현을 통한 공감이 아니라 '눈치' 또는 '알아서' 상대가 이해하기를 바라는 마음도 올바른 의사소통의 저해 요인이다.

우리나라는 고맥락 사회에 속한다. 따라서 말을 하지 않아도 눈치껏 이해하는 것이 그 사람의 수준과 미덕이라 생각하는 경향이 있다. 하지만 업무의 성과 또는 상대의 손익과 관계가 있을 경우 매우 곤란한 상황에 처해질 수 있다. 따라서 정확한 표현을 통해 소통의 오류를 차단하여야 한다.

- 과거의 경험, 편견, 선입견, 고정 관념

8. 올바른 의사소통을 위한 노력

우리는 친숙한 사람들과 편한 관계를 유지하며 생활하고 싶어한다. 하지만 사람은 성장하면서 사회관계의 범위가 매우 빠르게 넓어진다. 그만큼 다양하고 새로운 만남에 따른 의사소통이 부담스러워지는 부분도 존재한다. 따라서 그러한 부담을 줄일 수 있는 자신의 의사소통 방법을 꾸준히 관리하고 개선하려는 노력이 요구된다. 영유아의 의사소통 영역에서 중요시하는 '즐기기'의 관점에서 접근하는 방법도 고려될 수 있는 내용이다.

자신의 말 또는 문장을 작성할 때 자신만의 독특한 표현이 없는가를 확인한다. 그리고 그런 표현이 적절하게 사용되는지를 점검하여야 한다. 같은 의미라도 상대방에게 배려의 느낌을 전할 수 있는 다양한 표현을 활용하여야 한다.

상대의 입장에서 생각해 보고 개선의 노력을 해야 한다. 예를 들어 자신은 매우 중요한 사안이라 강조의 의미로 표현할지라도 상대가 중언부언하는 것으로 받아들인다거나 내용을 핵심을 짚어 줄 요량으로 "내 말이 무슨 말인지 알아요?"라고 말하면 상대는 자신을 무시한다고 생각할 수 있기 때문에 올바른 소통과는 거리

ASK | 의사소통능력을 개발하기 위한 방법에는 어떤 것이 있는지 적어 보자.

• 의사소통능력을 개선하기 위한 방법에는 어떤 것들이 있을까?

가 생긴다.

자신의 의사소통능력을 개선하는 것은 쉬운 일이 아니다. 대부분의 사람들이 원활한 의사소통능력을 위해 노력하지만, 실제 그것이 잘 지켜지지 않는 경우가 대부분이다. 이는 의사소통능력 개발의 계획 수립 시 자신에게 필요한 능력이 무엇인지 스스로에 대한 정확한 평가와 판단, 그리고 실현 가능한 계획과 실천의 노력이 없기 때문이다.

| 의사소통능력을 개발하기 위한 방법 |

의사소통능력을 강화하기 위해서는 우선 자신의 의사소통의 문제점을 정확히 파악하고 있어야 한다. 따라서 자신의 의사를 표현할 때 전달하고자 하는 내용을 담는 언어적 요소와 비언어적 요소의 사용에 중요성을 인식하는 것이 중요하다. 의사 표현의 목적에 맞는 단어의 선정, 올바른 경청을 위한 피드백, 상대의 입장에서 배려하는 마음으로 대하기 등의 훈련으로 원활한 소통이 이루어지도록 지속적으로 노력하여야 한다.

① 피드백 주고받기

피드백(feedback)이란 상대방에게 진행된 행동이나 반응의 결과를 본인에게 알려주는 것을 말한다. 상대의 표현과 행동이 나에게 어떤 영향을 미치고 있는가에 대하여 상대방에게 솔직하게 표현해 주는 것이다.

이를 통하여 서로의 정보 교류의 정확성을 확인할 수 있고 상대의 세밀한 감정의 반응도 살필 수 있다. 하지만 객관적인 내용에서 벗어나 부정적이고 비난적인 피드백의 반복은 피해야 한다.

② 단어(언어) 사용

비슷한 의미라도 부드럽고 긍정적 의미의 단어를 사용하여야 한다. 의사소통의 본질이 상대와의 공감이라는 것을 항상 주의하여 이해가 쉽고 간결한 단어를 활용한다. 듣는 상대의 입장에서 이해가 어려운 전문 용어나 조직 내의 특정 의미가 있는 단어의 사용은 부적절하다.

③ 올바른 경청

올바른 경청의 의미는 의사소통을 하는 양쪽 모두가 같은 주제에 관해 생각하고 공감한다는 것이다. 따라서 일방적인 듣기가 되지 않도록 적절한 반응과 개방적 질문 등을 통하여 집중하고 상대의 입장에서 생각하는 자세가 필요하다.

④ 감정의 영향

하루에도 수없이 변하는 것이 사람의 감정이다. 이러한 감정의 변화가 긍적적인 요소도 있지만 자칫 부정적인 감정으로 인해 소통의 걸림돌이 되기도 한다. 항상 일정한 감정을 유지하는 것은 매우 어려운 것이다. 하지만 자신의 감정의 기복이 의사소통의 저해 요인으로 작용을 한다면 대인 관계 및 업무에서 성과를 기대하기는 어렵다. 따라서 상황을 객관적으로 파악할 수 있는 마음의 평정심을 유지하여야 한다.

의사소통 핵심 요약(언어, 비언어적 의사소통)

1. 원활한 의사소통의 결과는 상대방의 반응에서 결정된다.
   의사소통은 상호 작용이고 공감과 교류의 과정이기 때문에 소통의 성과는 수신자의 반응에서 결정된다.

2. 올바른 소통의 자세
- '나만 맞다'는 독선적인 사고를 버려야 한다.
- 고치려고, 또는 가르치려고 드는 것은 공감적 소통이 아니다.
- 상대방의 말(의견)을 들을 준비가 되어 있어야 한다(공감, 배려).
- 자신의 생각과 사고가 변할 수 있는 자세를 가져야 한다.

3. 잘못된 소통의 자세
- 자신의 생각의 옳음을 확인할 목적
- 상대의 반응(피드백)을 살피는 목적
- 상대방과의 의견이 다름을 확인할 목적

4. 의사소통의 경로

발신자(화자)

의도
- 어떤 메시지를 전달할 것인가?
- 메시지의 내용과 표현의 적합성을 생각해 보는 단계

부호화
- 어떠한 방법으로 전달할 것인가?
- 언어(7)+억양(38)+몸짓(55)

수신자(청자)

해석
- 어떻게 받아들일 것인가?
- 청자의 지식과 사고에 따라 자의적으로 받아들이는 단계

이해
- 어떤 의미로 전달되었나?
- 자의적 해석에 의한 이해

피드백
- 어떻게 받아들였는지를 표현
- 전달받은 내용의 반응(피드백): 질문, 요약, 몸짓, 표정 등

2

문서 이해 능력

1. 문서 이해 능력의 의미
2. 문서 이해의 중요성
3. 문서의 종류
4. 문서 이해를 위해 필요한 자세

QUESTION

내가 아는 문서 이해의 개념은 무엇인가?

문서 이해 능력이란 글(문자)로 표현된 문서를 읽고 이해하는 능력을 말한다.

문서는 우리의 일상생활에서 접하는 일상적인 문서와 업무와 관련된 공적인 요소의 문서가 있다. 책을 읽거나 신문 등의 인쇄물을 읽고 해석하는 것도 문서 이해이며, 직업과 관련된 문서의 요지를 파악하고 내용의 전달, 실행 등이 이루어지도록 하는 것도 문서 이해이다.

업무와 관련된 문자로 구성된 문서의 종류에는 공문서, 제안서, 보고서, 기획서, 설명서, 이메일, 팩스, 메모, 주문서, 접수증, 공지 사항 등 매우 다양하다. 올바른 문서의 성격의 파악하고 이해하는 능력을 바탕으로 문서를 작성한 사람의 뜻을 전달받고 자신이 실행하여야 하는 행위를 인식할 수 있다.

1. 문서 이해 능력의 의미

문서 이해 능력이란 일상생활 및 자신의 업무와 관련 있는 인쇄물이나 기호화된 정보 등 상황에 필요한 문서를 확인하여 그것을 읽고, 내용을 올바르게 이해하고 요점을 파악하는 능력이다. 따라서 문서의 문장이나 도표, 그래프, 기호 등과 정보 등을 읽고 이해하여, 문서가 자신에게 요구하는 내용을 찾아 자신에게 필요한 행동이 무엇인지 추론할 수 있어야 한다.

- 문서를 읽고 이해할 수 있는 능력: 문서의 핵심 요점 파악
- 각종 문서의 정보를 확인하여, 내용을 구별하고 비교하여 통합할 수 있는 능력: 자료 및 정보 수집의 비교와 통합
- 작성자의 의도를 이해하고 파악하여 요약하고 정리할 수 있는 능력: 정보의 요약 및 의견 파악

2. 문서 이해의 중요성

우리나라는 문서 이해와 관련된 평가에서 매우 낮은 것으로 조사된다. 낮은 문맹률과 낮은 문서 이해 능력은 글자는 읽을 수 있지만 글의 내용(맥락)을 올바르게 이해 못하는 실질적 문맹을 말한다. 해결 방법으로 독서를 권장하고 있지만 우리나라는 성인 10명 중 4명이 일 년에 책을 한 권도 읽지 않고 있다(문화체육관광부, 2017). "아무리 읽어도 어떻게 하라는 건지 잘 이해가 되지 않아"와 같이 문서의 의미 파악에는 서툰 것이 우리의 현실이다.

이러한 문서 이해 능력의 부족은 일상생활에서도 문제이지만 업무와 관련되어 발생하게 되면 엉뚱한 방향으로 일이 추진되거나 계약 등의 업무에서 조직의 손해를 초래할 수 있다. 따라서 문서의 의미를 파악할 수 있는 핵심 내용 수집 능력, 분석 능력 등이 요구되고 문서 이해의 순서의 이해와 개인별 문서 이해 개선 훈련을 통해서 사고력을 증진해야 한다.

ASK | **다음의 글을 읽고 내용을 정리 · 요약해 보세요.**

한국교육개발원은 경제협력기구(OECD) 사무국이 1994년부터 실시해 온 성인 인구의 문서 해독 능력 측정 도구를 우리 국민에게 적용한 결과, 일상 문서 해독 능력이 최하위권인 것으로 드러났다고 밝혔다.
봉급 명세서, 영수증, 구직 원서, 열차 시간표, 지도, 약품 설명서 등 일상생활에서 문서를 보고 이해하는 능력이 OECD 국가들 중에서 크게 떨어진다는 것이다.
문서 해독 능력은 글씨 해독 여부만을 보여 주는 단순 문맹률로 간주된다는 점에서 보통 심각한 일이 아니다. 거의 100%에 육박하는 문자 해독률과 80%를 넘는 대학 진학률 등 우리가 자랑해 온 교육 통계가 실상은 일상생활과 유리된 허구임을 보여 준다.

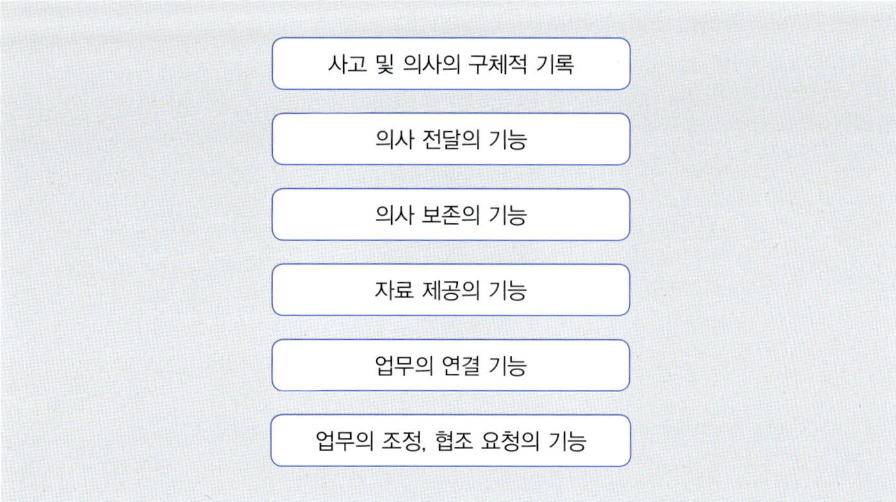

그림 2-1
문서의 기능

3. 문서의 종류

우리는 목적과 상황에 따라 수없이 많은 문서를 접한다. 문서의 이해는 문서 발행의 목적과 내용에 따라 문서를 구별하여야 한다.

1) 공문서

공문서는 개인적인 문서와 구별되는 공식적인 업무 수행을 목적으로 발행되는 문서이다. 정부 행정 기관에서 대내외적 공무를 집행하기 위해 작성하는 문서를 의미하며, 정부 기관이 개인, 기업, 기관, 단체를 대상으로 발행하는 문서와 정부 기관을 상대로 사업을 진행하려고 할 때 작성하는 문서도 여기에 포함된다.

일정한 규칙과 규격, 양식에 따라 해당 업무의 책임과 권리를 가진 사람이 작성

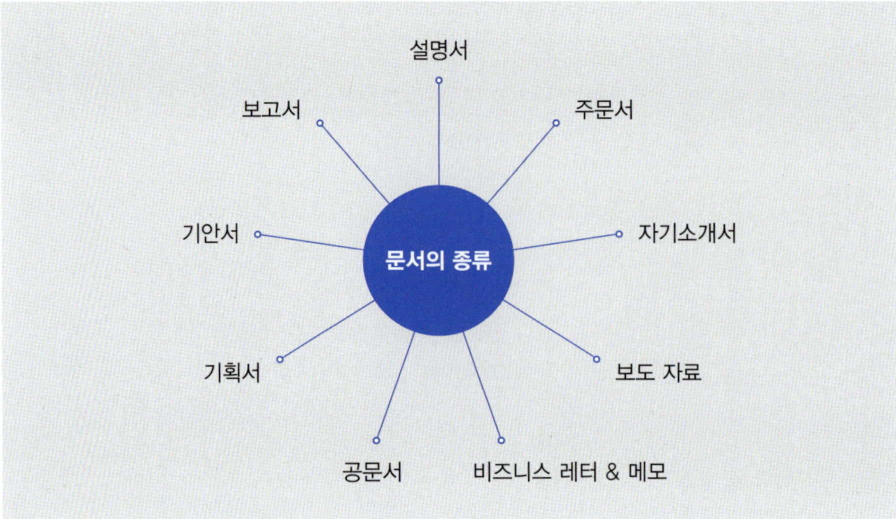

그림 2-2
문서의 종류

해야 하며 결재 단계를 통한 결재가 있어야 공문서로서의 효과를 지닌다.

- 주민등록 등본: 주민등록 원본의 전부를 복사한 증명 문서
- 주민등록 초본: 주민등록 원본 가운데 필요한 부분만을 복사한 증명 문서
- 가족관계등록부: 개인의 성명과 생년월일 등 신분에 관한 사항, 가족 관계에 관한 사항 따위를 기록한 문서

※ 발행된 공문서는 개인 및 단체의 이익 및 이해 관계 등의 목적으로 임의로 내용과 양식을 바꾸어서는 안 된다.
공문서 위조: 어떠한 권한을 행사할 목적으로 공문서를 거짓으로 만들거나 바꿈으로써 성립하는 죄

2) 기안서

기안서란 소속된 회사 내의 부서에서 상급자에게 제출하는 용도로 사용되며, 상급자가 이해하기 쉽도록 작성되어 있고 간결하고 명확한 문서이다. 또한 업무상의

어떠한 안건의 결재를 받기 위해 작성되는 문서이다.

기안서는 포괄적인 의미이며, 예산 관련 지출의 안건 승인을 구하는 품의서와 새로운 아이디어를 제안하는 기획서, 새로운 방향이나 안건을 제시하는 제안서 등이 기안서에 해당된다.

3) 기획서

기획서는 자신의 아이디어를 의뢰인이나 의사 결정권을 가진 상사에게 보고하거나 설득할 목적으로 작성하는 문서이다. 기획된 새로운 아이디어를 문서 형태로 만들어 상대방에게 내용을 전달하여 제안된 기획(아이디어)을 시행하도록 설득하는 문서이다.

기획서는 다른 사람에게 전달하는 것이 목적이기 때문에 내용의 객관화와 이해를 돕기 위해서 용어나 숫자, 그래프 등이 자주 사용된다.

4) 보고서

보고서는 어떠한 내용이나 업무에 관한 현황, 진행 또는 연구·검토 결과 등을 체계적으로 기록하여 보고하고자 할 때 작성하는 문서이다.

| 보고서의 종류 |

- 영업 보고서: 영업 상황과 내용을 문장 형식으로 작성하여 보고하는 문서
- 결산 보고서: 업무의 결과 및 사안의 수입과 지출 결과를 보고하는 문서
- 일일 업무 보고서: 해당일의 진행된 업무 내용을 보고하는 문서
- 주간 업무 보고서: 한 주간에 진행된 업무 내용를 보고하는 문서
- 출장 보고서: 업무와 관련된 출장 진행 후 그 결과를 보고하는 문서
- 회의 보고서: 회의 내용과 합의 결과를 정리해 보고하는 문서

5) 설명서

설명서는 사용 설명에 대한 내용의 문서이며, 대개 상품의 특성이나 사물의 성질과 가치, 작동 방법이나 과정을 사용자에게 설명하는 것을 목적으로 작성한 문서이다.

| 설명서의 종류 |

- 상품 소개서: 제품에 대한 내용을 쉽게 이해하도록 하는 문서. 소비자에게 상품의 특징을 잘 전달해 상품을 구입하도록 유도
- 제품 설명서: 제품의 특징과 활용도에 대해 세부적으로 언급하는 문서. 제품 구입 유도의 목적과 제품의 사용법에 대한 세부 사항 설명

6) 보도 자료

보도 자료는 일반적으로 정부 기관이나 기업체, 각종 단체 등이 언론을 상대로 자신들의 정보가 기사로 보도되도록 하기 위해 보내거나 열람하도록 하는 문서이다.

7) 자기소개서

자기소개서는 개인의 인적 사항과 가정 환경, 성장 과정, 인생관, 주요 경력, 생활태도 등을 구체적으로 기술하여 자신을 알리는 문서이다.

목적에 맞는 자기소개서는 개인의 다양한 경험과 사고를 표현하면서 작성자의 장점이 부각될 수 있지만 반대로 너무 허황된 표현, 오타, 비문(문법에 맞지 않는 문장) 등의 작성 오류는 문서를 이해하는 사람들로 하여금 수준을 의심받는 결과가 되기도 한다.

8) 이메일

이메일(E-mail)은 개인이나 단체에게 메일의 수단으로 문서를 전달하는 것이며, 업무나 개인 간의 연락, 직접 대면하기 어려운 상황 등을 위해 사용되는 공식적 문서 또는 비공식적인 문서이다.

9) 메모

메모는 다른 사람에게 의사를 전하거나 자신의 기억을 돕기 위하여 간결하게 작성하는 글을 말한다. 업무에 필요한 사안이나 일, 또는 향후 체크해야 할 일이 있을 때 필요한 내용을 메모 형식으로 작성하는 글이다.

| 일상적인 메모의 종류 |

- 계획 메모: 기간, 즉 단기, 중기, 장기로 나누어 계획을 수립한 것을 간결하게 간성한 글
- 기억 메모: 중요한 일이나 사안을 기억하기 위하여 작성한 글
- 데일리 메모: 매일 또는 매시간마다 자신이 진행한 일을 작성한 글

| 비즈니스 메모의 종류 |

- 전화 메모: 업무와 관련된 전화의 전달 내용 등을 작성하여 해당자에게 전달하는 글
- 회의 메모: 상사나 동료가 업무로 인해 회의 불참 시 전달 사항이나 회의 내용에 대해 간략하게 적어 전달하는 글
- 업무 메모: 개인이 추진하는 업무나 상대의 업무 추진 상황을 작성한 글

10) 주문서

주문서란 구매 관련 담당자가 기업의 부서에서 필요한 물품 등을 구매와 관련하여 주문하는 내용을 작성한 신청서 형태의 문서이다.

| 주문서와 발주서의 차이점 |

주문서의 경우 제품의 공급 업체가 제시한 내용(견적서)을 구매 업체에서 물품을 주문하고자 할 때 작성하는 문서이며, 발주서는 공급 업체의 특정 물품을 구매하기 위해 품명, 수량, 단가, 가격 등을 제시하여 공급 업체로 보내는 문서로 볼 수 있다. 물건의 거래 관련 문서 중 하나인 주문서와 발주서는 서로 의미가 매우 비슷하여 기업의 특성에 따라 주문서와 발주서를 혼용하거나 별도로 구분하여 사용하기도 한다.

| 문서 이해의 단계(순서) |

우리는 사회생활을 하면서 수많은 문서를 접한다. 그러한 다양한 문서가 요구하는

TIP **주문서와 발주서의 비교**

- 주문서

정의: 견적서를 토대로 공급 업체에 물품 구매를 주문하는 문서
주체: 공급 업체
가격 제시: 공급 업체
구매 프로세스: 구매 계약 후

- 발주서

정의: 물품, 수량, 가격 등을 제시한 후 공급 업체에 납품을 요청하는 문서
주체: 구매 업체
가격 제시: 구매 업체(구매 업체에서 가격을 제시하여 보냄)
구매 프로세스: 구매 계약 전

참고: 네이버 지식백과(예스폼 서식사전, https://terms.naver.com)

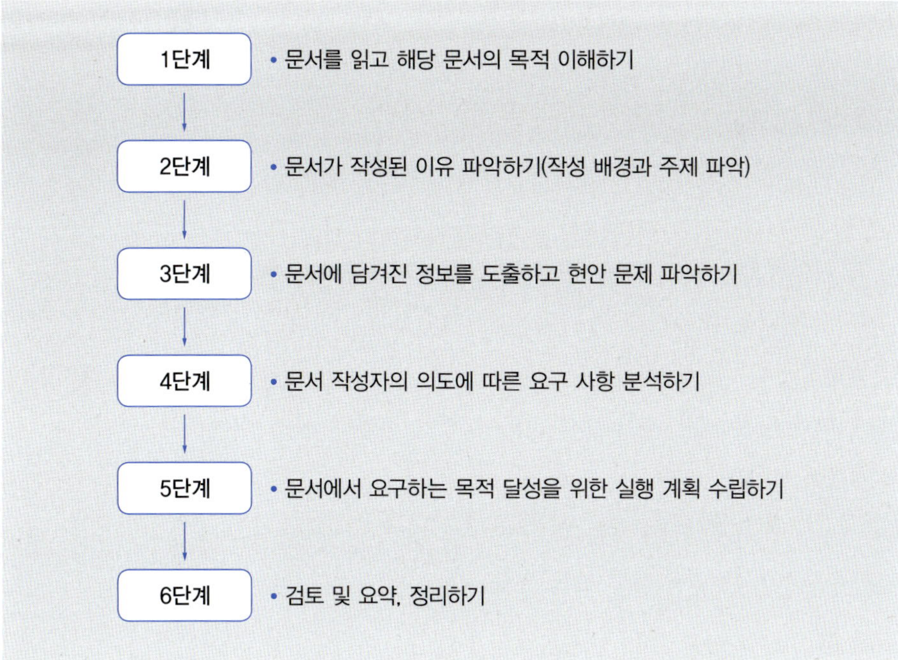

그림 2-3
문서 이해의 단계

내용을 빠르고 정확하게 이해하기 위해서는 문서를 이해하는 순서를 이해하면서 문서 이해 능력을 발전시켜 나가야 한다.

4. 문서 이해를 위해 필요한 자세

1) 기본적으로 작성자의 의도를 파악하여야 한다.

문서 이해도 의사소통의 한 부분이므로 상호 교류와 공감이 우선시되어야 한다. 따라서 의도 파악을 위해 단서가 되는 핵심 정보를 수집하고 분석하는 능력이 요구된다.

- 문서의 핵심 내용 수집, 분석

2) 문서의 내용에 목적에 맞게 문서를 분류하여야 한다.

개인적인 문서, 또는 업무와 관련된 문서를 읽고 해당 문서의 종류를 이해하여야 한다. 다양한 종류의 문서를 읽고, 구체적인 절차에 따라 이해하고, 정리하는 습관을 들여야 한다.

- 문서의 분류를 통한 나의 행동 도출

3) 많이 읽고, 많이 쓰고, 많이 생각하여야 한다.

효과적인 문서의 이해 능력 개선을 위하여 독서를 통한 이해력과 정리·요약하는 훈련 등을 생활화하여야 한다.

- 개인의 문서 이해 능력 함양을 위한 지속적 훈련

| 독서의 효과 |

- 긍정적인 동기 부여와 성공에 대한 자신감 상승
- 정보를 선별하고 받아들이는 정보 독해력 상승
- 체계적이고 깊이 있는 지식의 축척
- 간접 경험을 통한 사고력 증진
- 목표 설정에 도움

| 독서의 기술 |

- 관심 주제 및 수준에 알맞은 책 선정하기
- 정확한 정보 습득을 위한 인터넷 활용
- 저자 약력, 머리말, 차례 살펴보기

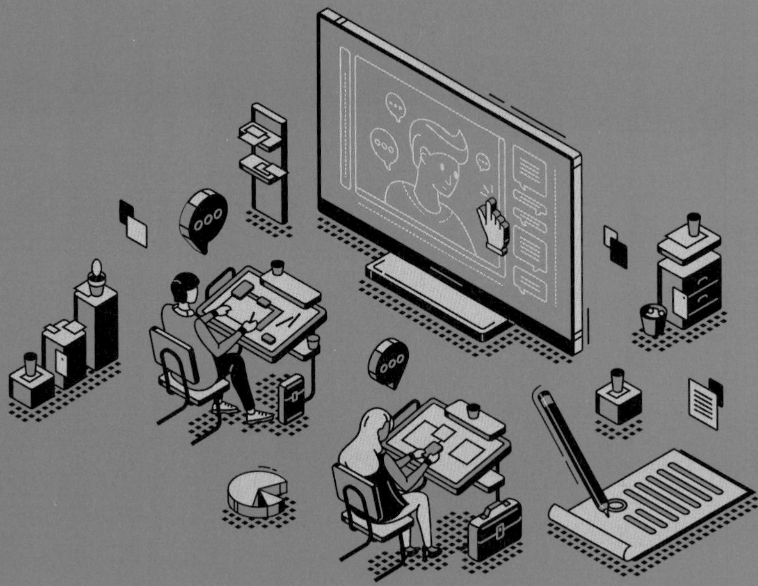

3
문서 작성 능력

QUESTION

문서 작성 능력이란 무엇인가?

문서 작성 능력이란 일상생활 또는 업무 수행 시 요구되는 목적과 상황에 적합한 내용이나 정보를 전달할 수 있도록 문서(글)로 작성할 수 있는 능력을 의미한다. 특히, 직업인에게는 직장에서 자신에게 주어진 업무 및 추진 현안 상황에서 필요한 문서가 무엇인지 이해하고 작성할 때 조직의 요구에 효과적으로 부응할 수 있다. 따라서 다양한 문서를 이해하고 각종 상황과 목적에 맞는 문서 작성 능력이 요구된다.

문서 작성 능력은 기획력·분석력·통찰력을 바탕으로 필요한 문서 작성의 최종 목적을 이해하여야 한다.

1. 문서 작성의 의미와 중요성

1) 문서의 의미

상대와의 의사소통에서 사용되는 문서는 직업인들의 업무 수행 시 거의 대부분의 사항에 포함된다. 단순한 이메일 확인과 작성부터 각종 업무의 기록과 보고 등 다양한 문서가 요구·작성되고 있으므로 자신의 생각과 의지를 객관적이고 논리정연하게 표현하는 올바른 문서 작성의 능력이 요구된다.

대부분의 직업생활에서 단순한 업무 지시 사항 및 각자 맡은 업무에 대한 업무 분장 내용, 업무 관련 지침, 회사 내규 등 수많은 문서가 존재한다. 그것을 이해하고 추진 사항과 내용에 따라 문서를 작성하는 요령과 능력은 현대 직업인에게는 필수 사항이다.

자신이 맡은 업무에 대하여 자신 있게 파악하고 성실하게 직무를 수행하더라도 상황과 목적에 적합한 문서를 작성하지 못한다면 어떠한 평가를 받게 될까?

문서란 문자(글)로 작성된 것으로 타인과의 의사 교류 수단이자 자신의 업무를 평가받는 수단이 될 수 있다. 업무와 관련된 문서의 종류로는 입사 관련 서류, 기간별 업무 일지, 학무모들에게 보내는 가정 통신문, 새로운 내용을 제시하는 제안서, 실행 내용에 대한 보고서, 업무 아이디어의 기획 내용을 담은 기획서, 편지, 메모, 공지 사항 등이 있다.

2) 문서 작성 시 고려 사항

올바른 문서 작성을 위해서는 해당 문서의 필요 이유(왜 작성하는지)와 작성된 문서를 통해 무엇을 전달하려 하는지 또는 무엇을 요구할 것인가에 대한 목적을 명확히 한 후에 작성해야 한다. 또한, 작성자 개인의 의지와 사고력, 그리고 문장의 적합한 표현력이 충분히 드러나야 한다. 따라서 문서 작성 시에 고려해야 할 사항은 대상과 목적, 시기가 구체적으로 포함되어야 하며, 사안에 따라서는 문서의 내용을 실행 후 얻을 수 있는 기대 효과 등도 포함되어야 한다.

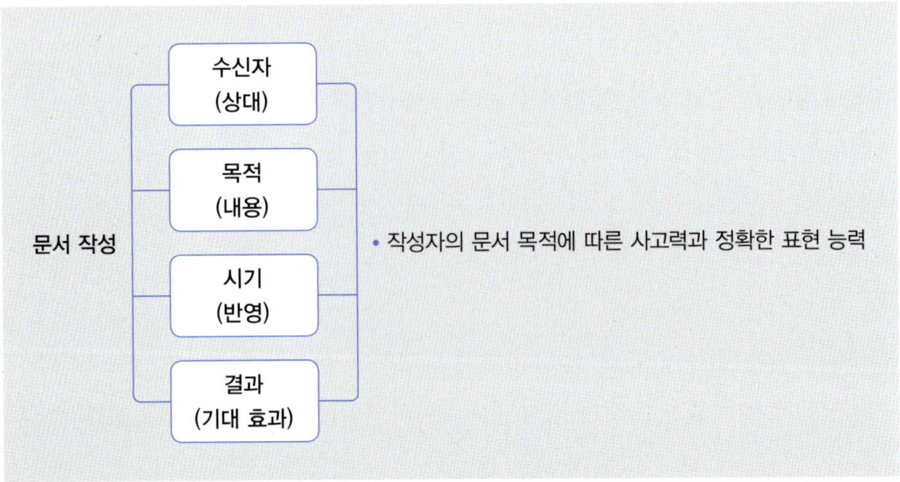

그림 3-1
문서 작성 시 고려 사항

3) 직장생활에서 문서 작성의 중요성

사람들은 일상생활에서는 물론 직업생활에서도 다양한 문서를 수없이 사용한다. 특히 업무와 관련된 문서 작성은 조직의 성과와 실현을 위한 것이기 때문에 매우 중요한 업무이다. 직장인으로서 문서 작성은 개인의 의사 표현이나 타인과의 의사소통을 위한 과정으로서의 업무일 수도 있지만 이를 넘어 조직의 성과가 표출되는 중요한 업무이다.

2. 문서 작성의 구성

효과적인 문서를 작성하여 문서를 접하는 상대를 이해시키고 의견을 전달하는 위해서는 중구난방식의 나열식 구조는 피해야 한다. 내용의 일관성과 통일성을 갖추고 있는지, 전체 흐름이 일목요연한지, 객관적인 근거(제시한)가 정확한지, 핵심 사항이 정확히 드러나 있는지 확인해야 한다.

문서 작성을 위해서는 다음의 7가지 핵심 요소를 갖추어야 한다.

- 격이 있는 단어와 문장, 앞뒤의 내용이 일목요연한 골격
- 객관적 근거 제시와 논리적인 내용
- 이해하기 쉬운 구조와 문장
- 명확하고 구체적인 문장
- 빠른 이해를 위한 문서의 배치
- 대상과 시기, 방법 등의 표현(가정 통신문)
- 세밀한 관찰을 통한 사실적 표현(일지)

TIP **자기소개서 작성 방법**

자기소개서 작성 방법이란 구직자가 원하는 직장을 얻기 위해 필요한 올바른 자기소개서의 작성 방법을 설명한 문서이다. 다시 말해 자기소개서 작성 방법은 자기소개서를 작성하기 위한 요령을 기재한 양식으로, 알맞은 분량으로 작성되어야 하며 올바른 내용 구성을 해야 한다. 또한 헤드라인 형식으로 이야기를 풀어 나가는 것이 좋고 추상적 표현은 자제해야 하며 지원하는 기업의 문화 및 기업에 대한 자기 생각을 말하고 지원하고자 하는 기업에 지원한 이유 및 목표 등을 구체적으로 기재하는 것이 좋다. 자기소개서 작성 방법을 통해 자기소개서를 구체적이고 체계적으로 작성할 수 있으며, 이를 통해 기업 또는 기관, 학교 등에 작성자에 대한 정보를 명확하게 전달할 수 있다.

참고: 네이버 지식백과(예스폼 서식사전, https://terms.naver.com)

1) 문서 작성의 기본 자세

| 일단 작성한다 |

- 수많은 생각과 걱정은 문서 작성에 도움이 안 된다.
- 일단 시작해야 검토, 수정, 보완이 가능하다.

| 부담감을 떨쳐 내야 한다 |

- 누구나 문서 작성은 어려워한다.
- 문서 작성에 두려움을 버리자. '잘 쓰자'에서 '잘'을 지워 버리자.
- 무작정 잘 쓰려는 고민 대신 글쓰기의 기본을 지키면서 한 문장, 한 문장씩 연습하는 것이 최선이다.

3. 문서 작성의 원칙

글을 잘 쓰는 것은 재능이 아니다. 좋은 글쓰기 습관에 따른 결과이다. 한 문장씩 기본과 원칙을 지켜서 쓰다 보면 누구나 좋은 문서를 작성할 수 있다.

1) 문장을 간결하게 작성한다.

같은 의미라면 가급적 짧고 간결한 문장으로 작성한다. 긴 문장은 자칫 지루할 수 있다. 특히 문장을 꾸미는 기교가 지나치면 원래의 취지에서 벗어날 수 있다. 따라서 긴 문장을 내용에 맞게 짧게 하는 것만으로도 글의 명확성이 높아진다.

하지만 지나치게 반복되는 짧은 글은 일관성 없이 뚝뚝 끊어지는 글이 될 수도 있으므로 다양한 형식의 문장을 고르게 작성하는 것이 좋다. 짧은 문장과 긴 문장이 조화롭게 표현될 수 있도록 작성한다.

2) 이해하기 쉽게 작성한다.

문서를 접하는 대상의 시각에서 생각하고 쉬운 구조, 단어를 사용한다. 결국 좋은 문서란 어린아이도 이해할 수 있는 명확하고 쉬운 글이다.

어려운 표현 ≠ 잘 쓴 글

3) 긍정문으로 작성한다.

부정적인 표현을 긍정적 표현으로 바꿔 본다. 문서 작성은 상대방을 이해시키는

TIP BLOT 기술 적용(두괄식 글쓰기)

BLOT

마지막 문장을 제일 처음으로

(Bottom Line on Top)

가장 중요한 내용

다음으로 중요한 내용

그다음으로 중요한 내용

가장 덜 중요한 내용

과정이므로 되도록 의문문은 피하도록 한다.

4) 가장 중요한 내용을 먼저 작성한다.

가장 중요한 내용을 먼저 작성해야 핵심 내용의 파악이 쉽다. 그리고 문장을 빠르게 파악할 수 있도록 도움을 준다. 이는 최종 목적지를 알려 주고 가는 방법을 설명하는 것과 같다.

5) 능동태 문장으로 작성한다.

특별한 이유가 없는 경우에는 직접적인 표현을 위해 간접적인 수동태 문장보다는 능동태 문장을 사용한다.

ASK | **간결한 문장으로 표현하기**

리더십은 전쟁터에서든 정치나 경제 같은 다른 영역에서든 본보기나 명령을 통해 발휘될 수 있는다. 역사적으로는 물론 전설로도 유명한 알렉산더 대왕의 경우 명령과 본보기를 모두 사용한 군사 지도자였던 반면 대의에 헌신한 인물로 알려진 간디와 테레사 수녀는 몸소 모범을 보임으로써 사람들에게 영감을 불어넣어 리더십을 발휘한 사람들이다.

| 능동태와 수동태의 비교 |

- "샐리는 해리에게서 사랑을 받았다."
  "해리는 샐리를 사랑했다."
- "사내 파티가 샐리에 의해 준비되었다."
  "샐리가 사내 파티를 준비했다."

이 이외에도 무분별한 한자, 전문 용어의 과다 사용 등은 줄이는 것이 좋고 내용의 요약을 위해 간단한 표제를 붙이는 방법도 효과적이다.

문서 작성(공무원의 문서 작성) TIP

- 글자: 휴면명조, 크기 15p, 줄 간격 180%(보기 편함, 기본값 160%)
- 단축키 사용(주로 사용하는)
  Alt C: 모양 복사
  Alt T: 문단 모양
  Crtl Shift Insert: 문단 번호
  Shift Alt n: 자간 좁히기
  Shift Alt w: 자간 늘리기

REFERENCE 06

문서 작성 시 주의 사항

문서는 언어와 달리 보존성이 크기 때문에 공식적인 업무에서 활용도가 높다. 따라서 책임 있는 문서에서 실수를 범하지 않도록 아래의 정형화된 기본 틀을 갖춰 문서를 작성할 때 항상 주의하도록 한다.

- 문서의 정확성을 기하기 위하여 육하원칙에 의해서 써야 한다.
- 문서는 핵심 내용의 전달이 쉽도록 한 사안을 한 장의 용지에 작성해야 한다.
- 문서 작성 중 수시로 점검하고 완료 후 충분한 검토를 해야 한다.
- 문서의 첨부 자료는 반드시 필요한 자료 외에는 첨부하지 않도록 한다.
- 문서 내용 중 숫자로 표기되는 금액, 수량, 일자 등의 기재에 정확성을 기하여야 한다.
- 문장 표현은 작성자의 성의가 담기도록 단어 사용에 신경을 써야 한다.
- 동일한 단어의 반복적인 사용은 피한다.
- 문서이므로 언어의 표현처럼 보이는 구어체는 사용하지 않는다.
- 내용의 종결은 임/음/함으로 명사, 동명사로 마무리한다.
- 업무에서 주로 사용되는 격식 있는 단어를 활용한다.
  (달성, 도모, 촉진, 개선, 방식, 공유, 발전, 강화, 확보, 활용, 시도, 추구, 구축, 점유, 분류, 협업, 창출, 정착, 수익, 분석, 전개, 확산, 탐색, 기반, 함양, 필요, 극대화, 이슈 해결, 확보, 발판, 활성화, 문제해결, 설계, 개발, 도출, 시도, 마련, 제공, 수립, 접목, 발굴, 전파, 제시, 보강, 취약, 격차, 배양, 진행, 가능, 미흡, 감소, 증대, 성장, 하락, 적용, 육성, 검증, 저조, 제고, 제공, 준수, 정립, 유도, 발현, 편중, 투입, 도입, 인식, 습득, 강화, 고취, 유지, 절감, 상승, 접근, 진출, 추진)
- 수시로 띄어쓰기, 오타 점검 등을 점검한다.
  : 맞춤법 확인(http://urimal.cs.pusan.ac.kr)
- 이해를 쉽게 하기 위해 전문 용어보다는 일상생활 용어를 사용한다.
- 시각적인 효과를 위해 줄 간격, 글자 크기, 디자인 등을 확인한다.
- 수신자의 측면에서 이해 정도를 확인한다.
- 예상되는 질문이 나오지 않게 문서에 설명을 포함한다.
- 논리적으로 설명 가능한가를 고려해서 작성한다.
- 내용과 표현의 통일성을 갖는다.

참고: 네이버 블로그(문서 작성 시 유의 사항, http://m.blog.naver.com)

문서의 효과적 전달

문서 표현의 시각화

문서를 효과적으로 표현하는 방법을 통해 내용을 보다 신속하고 명확하게 전달할 수 있다.

- 차트 표현: 도형적 표현이나 자료를 알기 쉽게 정리한 표로, 개념이나 주제 등을 나타내는 문장 표현과 통계 수치 등을 한눈에 알아볼 수 있게 표현하는 것을 말한다.
- 데이터 표현: 정보의 표현 방법으로, 수치를 표로 나타내는 것을 말한다.

IT 기기 월별 판매 현황

구분	1월	2월	3월	4월	5월	6월	7월	8월	9월	10월	11월	12월
스마트폰	312	405	410	321	360	315	310	380	415	395	411	422
mp3	250	220	265	185	195	165	189	167	152	141	139	135
태블릿	510	425	504	365	406	320	290	280	315	260	315	200

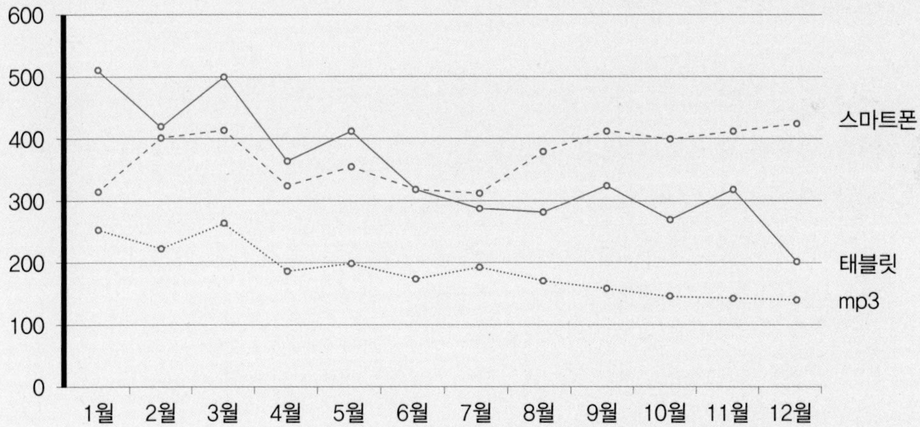

- 이미지 표현: 전달하고자 하는 내용을 그림이나 사진 등으로 나타내는 것으로, 문서를 보다 효과적으로 표현하기 위한 시각화 방법이며, 알맞게 표현된 그림 한 장이 한 페이지의 긴 글보다 훨씬 효과적이다. 일상생활에서 쉬운 예로 이모티콘이 이에 해당된다.

4. 상황에 따른 문서 작성법

문서는 문서 작성의 원칙을 바탕으로 상황과 시기에 따라 문서의 성격에 맞게 작성하여야 한다.

1) 요청이나 확인을 부탁하는 경우

업무 과정 중에 업무 내용과 관련된 요청 사항이나 확인 절차를 요구해야 할 때가 있다. 주로 공식적인 문서로 분류되며, 이러한 경우 일정한 양식과 격식을 갖추어 작성하여야 한다.

2) 정보 제공을 요청받은 경우

취업 후 직장에서 요구하는 첫 번째 문서가 입사와 관련된 문서일 것이다. 근로 계약과 관련된 문서로, 개인의 정보 열람 및 관련 사항에 대한 동의 내용이 포함되어야 하고 직장생활에서 요구되는 직무 관련 내용 및 주의 사항이 포함된다. 또한 업무와 관련되어 상대에게 정보를 요청할 경우에도 그 시기와 성격에 맞게 신속하고 정확하게 정보 제공을 요청하여야 한다.

3) 업무와 관련된 지시가 필요한 경우

업무를 추진하다 보면 관련 주변 부서나 외부 기관, 단체 등에 업무와 관련된 지시를 해야 하는 경우가 있다. 이런 경우, 일반적으로 업무 지시서를 작성한다. 업무 지시서를 작성할 때는 시기와 상황에 적합하고 명확한 내용을 작성할 수 있어야 한다. 또한, 시설이나 구조물에 대한 확인의 지시를 받은 경우에도 즉각적인 업무 추진이 실행될 수 있도록 해야 한다.

4) 제안이나 기획을 할 경우

직무 수행 중 업무와 관련된 새로운 제안이나 본인의 아이디어를 실행하기 위하여 기획을 수립해야 하는 경우에 작성한다. 제안이나 기획은 새로운 시도를 위한 내용과 구체적으로 업무를 어떻게 개선할지, 어떤 방향으로 실행할지에 대한 의견을 순서에 맞게 제시하는 것이다. 제안이나 기획은 의사 결정권자의 설득을 요하는 경우가 많으므로 설득력 있게 전달하기 위하여 목적에 맞는 내용, 여러 상황에 대한 다각적인 지식과 예상되는 내용이 포함되어야 한다.

5) 약속이나 추천을 위한 경우

약속은 업무 내용과 관련된 활용에 대한 내용 등의 정보를 제공하고자 할 때, 추천은 상급 교육 기관으로 진학이나 신규 및 이직을 할 경우 구비 서류에 포함되어 있는 경우에 작성하며 일반적으로 전 소속 기관의 부서장이나 지도를 맡았던 사람이 작성해 주는 문서이다.

5. 종류에 따른 문서 작성법

대부분의 회사나 기관에는 자체적으로 사용하는 문서 양식이 존재한다. 따라서 상황에 따라 적합한 문서를 선정하여 작성하게 된다. 만일, 별도의 양식이 없을 경우 문서의 목적에 맞는 내용 위주로 격에 갖추어 작성하도록 한다.

1) 공문서

공문서는 공적인 업무의 수행 시 사용되는 문서이므로 누가, 언제, 어디서, 무엇을, 어떻게(왜)가 정확하게 표현되도록 작성해야 한다. 영유아 교육 기관에서 국가 기관 및 유사 기관에 업무와 관련된 내용을 전달, 공유 등의 필요시에 공문서 또는 공문의 양식으로 작성하여야 한다.

| 공문서의 구성 요소 |

두문, 본문, 결문으로 구성

- 두문: 행정 기관, 수신자, 경유의 내용
- 본문: 제목, 내용, 붙임의 내용
- 결문: 발신 명의, 기안자, 협조자, 결재권자의 직위 및 서명, 접수 등록 번호와 접수(수신) 일자, 행정 기관의 주소, 홈페이지 주소, 전화번호, 팩스 번호, 공개 구분 등의 내용

| 날짜 작성 시 유의 사항 |

- 연도와 월일을 반드시 함께 기입한다.
- 날짜 다음에 괄호를 사용할 경우에는 마침표를 찍지 않는다.

| 내용 작성 시 유의 사항 |

- 한 장에 담아내는 것이 원칙이다.
- 마지막은 반드시 '끝'자로 마무리한다.
- 복잡한 내용은 항목별로 구분한다('—다음—' 또는 '—아래—').

- 대외 문서이고, 장기간 보관되는 문서 성격에 따라 정확하게 기술한다.

2) 설명서

- 읽는 사람의 부담이 없는 평서형으로 작성한다.
- 상품이나 제품에 대해 설명하는 글의 성격에 맞춰 정확하게 기술한다.
- 정확한 내용 전달을 위해 간결하게 작성한다.
- 소비자들이 이해하기 어려운 전문 용어는 가급적 사용을 않고 필요시 부연 설명을 추가한다.
- 동일한 문장 반복을 피하고 다양하게 단어 및 문장으로 표현한다.

3) 기획서

| 기획서 작성 전 유의 사항 |

- 기획서의 목적을 달성할 수 있는 핵심 사항이 정확하게 포함되어야 한다.
- 기획서는 자신의 의도를 상대에게 어필해 상대가 선택하게끔 설득력을 갖춰야 하므로 상대가 받아들일 것을 고려하여 작성한다.

| 기획서 내용 작성 시 유의 사항 |

- 내용이 한눈에 파악되도록 핵심 내용을 먼저 작성하고 체계적으로 목차를 구성하도록 한다.
- 기존의 내용과 새로운 기획에 대한 비교를 객관적 근거와 사실적 표현으로 작성하며 효과적인 내용 전달을 위해 내용과 적합한 표나 그래프를 활용하여 시각화하도록 한다.

TIP

기획에는 거의 기획서가 붙어 다닌다.

여기에서는 내용이 우수한 것과 부실한 기획서에 대해 살펴보기로 한다.

1. 내용이 우수한 기획서

- 기획의 목적, 목표가 명확하다.
- 분석이 과학적이다.
- 숫자, 데이터를 효과적으로 활용하고 있다.
- 도표를 적절하게 활용하고 있다.
- 그림, 일러스트레이션을 효과적으로 사용하고 있다.
- 근본적으로 문장이 훌륭하다.
- 내용이 치밀하며 구체적이다.
- 지면이 밝고 읽기가 쉽다.
- 글자와 백지 공간의 균형이 적절하고 보기 쉽다.
- 문장이 지루하지 않고 짧다.
- 문장의 의미를 명료하게 알 수 있다.
- 예산을 확실히 밝히고 있다.

2. 내용이 부실한 기획서

- 기획의 목적, 목표가 애매하다.
- 목표를 숫자로 제시하지 않았다.
- 근본적인 문제로서 문장이 악문이다.
- 문장의 서술이 서투르다.
- 의미 불명의 표현이 있다.
- 추상적인 표현이 많다.
- 자료, 데이터가 적다.
- 지면 균형이 나쁘다.
- 도표를 사용하는 것이 적은 편이다.
- 그림, 일러스트레이션을 쓰지 않았다.
- 한자를 많이 써서 지면이 딱딱하다.
- 예산의 내용이 불명확하다.

참고: 예스폼(http://www.yesform.com)

| 기획서 제출 시 유의 사항 |

- 핵심 내용, 자료 근거, 결정권자의 수용 가능성 등을 충분한 검토를 한 후 제출하도록 한다.
- 인용한 자료의 출처가 정확한지 확인한다.

4) 보고서

| 보고서 내용 작성 시 유의 사항 |

- 업무의 제안적 측면과 보고의 내용을 객관화할 수 있는 근거를 정확히 제시하여야 한다. 업무 진행 과정에서 쓰는 보고서인 경우, 진행 과정에 대한 핵심 내용을 구체적(숫자로 된 데이터 등)으로 제시하도록 작성한다.
- 핵심 사항만을 추려 간결하게 작성한다(내용의 중복을 피하도록 한다).
- 시각적 효과를 위해 복잡한 내용일 때에는 도표나 그림을 활용한다.

| 보고서 제출 시 유의 사항 |

- 보고서는 개인의 사고와 업무 능력을 평가하는 주요 요인이므로 제출하기 전에 반드시 최종 점검을 한다.
- 관련 근거 및 참고 자료는 정확하게 제시한다.
- 수신자의 입장에서 의견의 차이, 예상 질문 등을 예견하여 그에 대한 답을 미리 준비한다.

5) 주문서

- 주문서의 구성 내용은 기업의 특성에 따라 조금씩 다를 수 있으며, 특히 발주서와 혼용하여 사용하기도 하고 따로 분류하여 사용하기도 한다.
- 일반적으로 사용하는 주문서는 크게 3단락으로 구분되어 있다.

① 구매 업체의 담당자 인적 사항과 기업의 상호, 대표자, 주소, 연락처 등 기본 사항
② 물품 구매 시 물품명과 규격, 단위, 수량, 단가 및 금액 등을 기재
③ 공급 업체의 상호와 대표자, 담당자, 연락처, 팩스, 주소 등을 기재

6) 메모

다른 사람에게 말을 전달하거나 자신이 기억해야 할 내용을 간단히 글로 기록하는 메모는 일상생활에서 문서 작성의 훈련이 될 수 있고 또한 생활 패턴을 개선하는 데 아주 효과적인 동기 부여 방법 중 하나이다.

| 메모의 기록 |

- 일의 순서와 시간에 따라 기록한다.
- 당일 또는 다음 날 등의 시기에 할 일을 기록한다.
- 데일리 리포트 형식으로 요점만 기록한다.
- 약자 및 기호를 사용한다.
- 사실을 정확히 기록한다.
- 숫자, 명칭 등은 틀리지 않도록 주의한다.

| 메모의 효과 |

- 일상생활 및 업무의 효율성 향상
- 경험을 통한 과오의 반복성 축소, 업무 실력 향상
- 구체적 정리를 통한 정보 정리 능력 향상
- 상대에게 신뢰감 형성

사소한 것 같은 메모의 습관은 아주 큰 삶의 만족감을 준다. 대인 관계 및 내가 할 일에 대한 실수를 줄여 주고, 시간을 계획적으로 활용할 수 있게 하고 단기, 중기, 장기적 계획까지 일목요연하게 추진할 수 있도록 도와준다.

한글의 특수성

자음 전성 시대(자음으로만 표현하는 의사소통)

아래의 글은 어떤 내용인가?

두 친구의 문자 대화

ㅈㄱㅇㄷ	ㄱㄴㅈ	휴대 전화의 메신저 기능이 가져온 의사 표현 현상
ㅃㄹㅇ	ㅈㅅ	
ㅇㅋ	ㅇㅇ	

휴대 전화 및 인터넷의 활용으로 다양한 표현 방법으로 소통이 이루어지고 있다. 그중에서 대표적인 형태가 우리말의 자음만으로 대화를 하는 것을 들 수 있는데, 이는 외국어에서는 불가능한 것이다.

우리말은 기본적으로 한 음절에 초성(자음)+중성(모음)+종성(자음)으로 구성된다. 이러한 규칙에서 초성의 자음만을 뽑아서 표현해도 상황을 이해하고 있다면 짧은 대화가 가능한 것이 한글의 특수성이다. 이런 특수성을 활용하여 네비게이션의 목적지를 검색할 수 있다.

한글 파괴 현상 vs 한글의 기능 확장

전문가들은 자음만으로 표현하는 방법이 고유의 한글 표현에서 벗어난 한글 파괴 현상의 한 모습이라고 우려하기도 하지만 한글의 새로운 기능 확장으로 인식하여야 한다는 의견도 만만치 않다. 이러한 표현은 친숙한 느낌을 전할 수 있고 익숙함에 따라 표현 시간을 절약할 수도 있다. 또한 아래와 같이 표정과 감정을 표현하기도 한다.

ㅋ, ㅎ의 표현

표현	의미	느낌
ㅋ(ㅎ)	실소	웃음–대화의 윤활유 역할, 부드러운 친교적 느낌
ㅋ ㅋ(ㅎㅎ)	예의	
ㅋ ㅋㅋ ㅋ	많이 웃길 때	

장점	단점	한계
맺음말에서 부드러운 느낌	가벼운 느낌	공식적인 문서에서는 자제
친분의 관계 형성	표현력이 떨어짐	상대와의 소통과 배려가 우선시되어야 함

4
경청 능력

1. 경청 능력의 필요성
2. 경청의 중요성
3. 올바른 경청
4. 경청의 잘못된 습관
5. 경청 훈련

QUESTION

경청이란 무엇인가?

경청은 외형적으로는 귀를 기울여 듣는 것을 말한다. 하지만 우리에게 필요한 올바른 소통의 경청 능력은 상대의 말을 주의깊게 듣는 것뿐만 아니라 상대가 이야기하는 내용을 이해하고 상대의 정서와 감정에 대하여 공감하는 것을 의미한다. 또한 경청 이후에 적절한 피드백을 표현함으로써 내용이 정확히 전달되었음을 상대에게 알려 주는 반응인 피드백까지도 포함한다.

이를 통하여 대인 관계에서는 개인 간의 원만한 관계를 유지하고 업무적으로는 업무 성과 및 만족도를 향상시킬 수 있다.

1. 경청 능력의 필요성

"상대방과의 신뢰를 쌓을 수 있는 최고의 방법은 올바른 경청이다."

인간은 본능적으로 의사 표현의 욕구가 있다. 이러한 욕구는 자기중심적이고 무엇보다 자신이 중요하다는 생각이 강하기 때문이다. 하지만 대인 관계에서 자신의 생각과 입장만을 고집한다면 원만한 인간관계 형성에 도움이 되지 않는다. 따라서 사회관계 형성에 대한 이해를 바탕으로 타인과의 소통에서 상호 공감의 핵심 요소인 올바른 경청 능력이 필요하다.

대화에서의 경청은 상대를 안정시키고 좀 더 집중할 수 있도록 도와준다. 그로 인해 전달하고자 하는 것 이상의 메시지를 전달받을 수 있고 결과적으로 상호 신뢰감 형성의 바탕이 된다.

2. 경청의 중요성

우리는 여러 상황에서 하루에도 수없이 많은 사람들과 대화를 한다. 업무적인 관계에서의 공식적인 대화에서 가족, 친구들과의 친교적 대화에 이르기까지 언어적 대화를 수단으로 의사소통을 하고 있다.

그러나 모든 사람이 경청을 잘하고 있는 것일까?

결론부터 말하면 "아니다." 올바른 경청의 의미를 알지 못해서가 아니라 실천하지 못하기 때문이다. 이것은 우리가 규칙적이고 지속적 운동은 건강의 필수 요인이라는 것을 대부분의 사람들이 알고 있지만 모든 사람이 그렇게 하지 않는 것과 비슷한 이치이다.

"내 이야기를 자신의 일처럼 들어 주고 공감하는 사람을 싫어하는 사람이 있을까?"

삼성 그룹의 창업주인 이병철 회장이 이건희 회장을 후계자로 결정한 직후 '경청'이라는 휘호를 적어 주었고 이것이 자연스럽게 이건희 회장의 인생 좌우명이 되었다는 일화가 있다. 그 이후로 이 회장은 자신의 말보다는 상대의 말에 더 집중하며 귀기울이는 적극적 경청에 각별히 신경을 썼다고 한다. 결국 그 '경청'의 자세가 지금의 일류 기업인 삼성 그룹의 원천이 되었다.

"성공한 많은 사람들이 경청의 중요성에 대하여 강조하고 있다."

스티븐 코비의 『성공하는 사람들의 7가지 습관』과 『성공하는 사람들의 8번째 습관』

"성공하는 사람과 그렇지 못한 사람의 대화 습관에는 뚜렷한 차이가 있다. 그 차이점이 무엇인지 단 하나만 꼽으라고 한다면, 나는 주저 없이 "경청하는 습관"을 들 것이다. 우리는 지금껏 말하기, 읽기, 쓰기에만 골몰해 왔다. 하지만 정작 우리의 감성을 지배하는 것은 '귀'이다. 경청이 얼마나 주요한 능력인지, 그리고 우리가 어떻게 경청의 힘을 획득할 수 있는지 알아야 한다."

피터 드러커

"내가 만일 경청의 습관을 갖지 못했다면, 나는 그 누구도 설득하지 못했을 것이다."

톰 피터스의 『초우량 기업의 조건』과 『미래를 경영하라』

"20세기가 말하는 자의 시대였다면, 21세기는 경청하는 리더의 시대가 될 것이다. 경청의 힘은 신비롭기까지 하다. 말하지 않아도, 아니 말하는 것보다 더 매혹적으로 사람의 마음을 사로잡기 때문이다."

잭 우드포드의 『사랑의 이방인』

"칭찬에 흔들리지 않는 사람도 자신의 이야기를 열중해서 들어 주는 사람에게는 마음을 빼앗기게 된다."

찰스 엘리어트(하버드 대학교 총장 40년 재임)

"모든 영업의 특별한 비결은 없습니다. 다만 상대방의 이야기에 주의를 기울여 잘 경청하는 것이 중요합니다. 어떤 칭찬도 경청보다 효과적일 수는 없습니다."

의사소통의 기본 개념은 내가 일방적으로 상대방에게 메시지를 전달하는 과정이 아니라 상대방과의 상호 작용을 통해 메시지를 다루는 과정이다. 따라서 성공적인 의사소통을 위해서는 나의 의사를 상대방이 이해하기 쉽게 표현하는 것도 중요하지만, 상대방의 이야기에 집중하며, 그들이 자랑스럽게 생각하는 일이나 경험에 대하여 말할 수 있는 기회를 제공해야 한다. 의사소통을 하기 위한 기본적인 자세는 경청하는 일이다.

올바른 경청을 함으로써 상대방은 나를 존중하게 된다. 이는 상호 신뢰감 형성과 연결되며 상대의 감정, 사고, 행동을 자의적으로 평가하거나 해석하지 않으며, 상대가 말하고 있는 그대로 받아들이는 태도를 지녀야 한다.

또한 상대방을 진실한 마음으로 대하게 되므로 상대의 입장을 이해할 수 있는 기본 바탕이 된다.

TIP **경청의 올바른 자세**

- 상대방을 정면으로 마주하는 자세는 그와 대화할 준비가 되었음을 알리는 자세이다.
- 손이나 다리를 꼬지 않는 안정적 자세를 취하는 것은 상대에게 대화가 준비되었다는 표시이다.
- 상대방을 향하여 상체를 기울여 가까이 다가앉은 자세는 자신이 열심히 듣고 있다는 사실을 표현하는 것이다.
- 시선의 집중은 자신이 관심을 가지고 있다는 사실을 알리는 것이다.

| 경청의 방법 |

- 대화는 상호 작용이므로 대화를 독점하지 않는다.
- 상대방의 말을 중간에서 가로채지 않는다.
- 의견이 다르더라도 일단 경청한다.
- 논쟁에서는 우선적으로 상대의 주장을 듣는다.
- 시선을 안정적으로 한다.
- 귀로만 듣지 말고 감정을 동원해 적극적으로 경청한다.

3. 올바른 경청

우리의 일상에서 일어나는 문제의 대부분은 해결 방법을 몰라서가 아니라 실천하지 않거나 실행할 능력이 없기 때문이라고 한다. 아무리 좋은 개선 방법을 알고 있어도 그것이 자신의 습관이나 실천이 되지 않는다면 아무 소용이 없다. 올바른 경청 방법을 이해하고 훈련하는 실행이 요구된다.

1) 집중하기

눈짓, 몸짓, 얼굴 표정, 추임새 등의 비언어적 표현과 마음의 초점을 대화에만 맞추어 경청하여야 한다. 상대의 말에 집중을 하는 방법으로 핵심 내용 및 단어를 마음속으로 반복적으로 되새기며 다른 생각을 차단하여야 한다. 상대방은 그러한 집중에 대하여 매우 만족감을 드러내는 과정에서 생각보다 더 많은 정보를 전달하게 된다.

4. 경청의 잘못된 습관

의사소통에서 언어와 비언어적 요소로 행해지는 의사 표현과 경청은 단순히 말을 하고 듣는 의미가 아니다. 말을 잘하는 사람, 남의 말을 잘 듣는 사람은 어느 한 쪽을 잘하는 사람이 존재하기보다는 둘 다 잘할 가능성이 매우 높다. 따라서 자신의 올바른 의사 표현의 출발점은 아이러니하게도 먼저 잘 듣는 것이다.

1) 짐작하기

짐작하기는 상대방의 말을 주의깊게 듣지 않고 자신의 생각대로 짐작하고 추측하는 것을 말한다. 듣고 있으면서도 "그렇지 않을까?"와 같이 대화의 내용에 대하여 미리 판단하는 것을 말한다. 그로 인해 상대방이 사용하는 단어나 표정, 몸짓 등의 행동에서 자신의 생각을 확인시켜 주는 단서만을 찾으려 하기 때문에 올바른 경청이 될 수 없다.

2) 준비하기

준비하기는 상대방의 말을 듣고 자신이 다음에 할 말을 미리 생각하는 것을 말한다. 결국 자신의 대응을 준비하는 등의 생각에 빠져서 상대방의 말에 제대로 공감할 수가 없게 된다.

3) 끼어들기

끼어들기는 상대의 말을 듣기는 하지만 기회만 생기면 중간에 끼어들어 자신이 하고 싶은 이야기를 진행하는 것을 말한다. 이는 상대방보다는 내가 우선시되기 때문에 상대방이 전달하는 내용을 올바르게 듣는 것이 아닌 경우이다.

4) 판단하기

판단하기는 상대방에 대한 편견이나 선입견 등의 고정 관념으로 인해 상대방의 말을 올바르게 이해하지 않는 것을 말한다. 이러한 섣부른 판단으로 대화의 내용에 집중할 수 없게 된다.

5) 다른 생각하기

다른 생각하기는 상대방과의 대화에 집중하지 않고 다른 생각에 사로잡혀 있는 것을 말한다. 이는 지금의 대화보다 자신의 일을 더 중요하게 생각하고 있기 때문이며 대화를 회피하려는 신호로 이해될 수 있다.

6) 조언하기

올바른 경청은 공감이다. 하지만 대화를 듣고 해결책을 알려 주고 싶은 생각에 상대의 문제점을 찾으려고만 한다면 이미 경청에서의 큰 실수를 범하는 것이다. 집중해서 듣고 공감하는 것만으로도 상대는 만족할 수 있다.

7) 언쟁하기

언쟁은 단지 반대 의견을 제시하기 위해서만 상대의 말에 귀기울이는 것을 말한다. 상대가 무슨 말을 하든 자신의 입장만을 확고히 한 채 듣는다. 언쟁은 주로 상호 문제가 있는 관계에서 드러나는 전형적인 의사소통 형태로, 신뢰가 없거나 자신이 상대보다 우월하다는 생각이 우선이다. 이런 관계에서는 상대의 말을 전혀 들을 생각이 없기 때문에 상대가 그 어떤 이야기를 해도 듣지 않게 된다. 상대가 설명하는 것을 무시하고 상대의 생각과는 다른 자신만의 생각을 장황하게 자신의 해석대로 늘어놓는다. 지나치게 논쟁에 치중하는 사람은 상대의 말을 경청할 수 없다.

8) 슬쩍 넘어가기

슬쩍 넘어가기는 대화의 핵심 내용에 대하여 회피하려 하면서 다른 주제로 넘어가려는 시도를 말한다. 상대의 대화 내용에 관심이 없을 때 주로 발생되므로 상대를 진정으로 이해할 수 없게 된다.

9) 비위 맞추기

비위 맞추기는 상대방을 대화 시 내용보다는 동의적 표현으로 대화를 빨리 진행한다거나 기분만을 맞춰 줄 의도의 경청을 말한다. 위로하기 위해서 혹은 상대의 감정을 맞추기 위해서 결론적으로 동의하는 자세를 말한다. 이러한 경청의 자세는 상대방에게 말할 수 있는 충분한 기회를 제공하지 않는다.

5. 경청 훈련

경청 훈련의 좋은 사례로 화이자 제약의 제프 킨들러 회장의 1센트 경청 습관이 있다. 매일 1센트 동전 10개를 바지 왼쪽 주머니에 넣고 다니면서 직원들과 대화를 나누고 충분히 이야기를 들었다고 생각되면 동전 하나를 오른쪽 주머니로 옮기는 습관을 들였다고 한다. 그로 인해 그는 직원들과 진정한 소통이 가능해졌고 오너가 지녀야 하는 덕목에서 경청의 중요성이 강조되는 계기를 마련해 주었다.

자신이 이야기를 공감하면서 자신의 일처럼 들어 주는 사람이 있다는 것은 너무나 고맙고 기쁜 일이다. 따라서 자신도 상대방에게 좋은 경청자가 되어야 한다. 상호 작용인 소통에서 올바른 경청을 통해서 자신이 판단하지 않고 많은 정보를 수집할 것인가에 대하여 생각하여야 한다. 어쩌면 대화 중에 다른 생각, 반대 의견 등의 발생은 자연스러운 현상일 수 있다. 하지만 상대방과의 진정한 공감을 원한다면 그러한 생각은 잠시 접어두고 보다 경청에 집중하여야 한다.

1) 주의 기울이기(바라보기, 듣기, 따라 하기)

상대방의 말을 들을 때는 기본적으로 주의를 기울이고 있다는 표시를 표현한다. 몸과 마음을 다하여 들을 수 있어야만 자신의 관심을 상대방에게 충분히 보여주는 것이 된다. 따라서 잡생각과 산만한 행동은 피하고 비언어적인 요소까지도 귀를 기울여 경청한다. 즉, 상대방의 얼굴과 몸의 움직임뿐만 상대방이 하는 말의 음성과 억양, 소리의 크기까지도 귀를 기울인다.

2) 감정 이입하기

감정 이입하기는 상대방의 감정을 이해하기 위하여 상대의 기분을 있는 그대로 받아들이고 같은 감정이 되도록 노력하는 것을 말한다. 이를 통하여 자신은 대화에 보다 집중할 수 있고 상대방은 보다 안정적인 대화를 진행할 수 있다. "이런 기분이 들었겠구나" 식의 반응으로 상대방과의 원활한 교감을 확인한다.

3) 내용 요약하기

대화의 내용을 요약하는 것은 상대방에 대한 자신의 이해의 정확성을 확인하는데 도움이 될 뿐만 아니라, 자신과 상대방을 공감대를 형성하게 하며 자신과 상대방의 메시지를 공유할 수 있도록 한다. 대화의 요점을 들은 것을 자신의 말로 반복하는 표현과 자신의 요약을 확인 또는 명료화하기 위해 질문 형식으로 표현을 할 수 있다.

4) 마음을 주고받아라

대화 내용의 확인 및 집중의 표현으로 개방적 질문을 활용한다. 질문은 보통 "누가, 무엇을, 어디에서, 언제 또는 어떻게"라는 어휘로 시작된다. 이는 단답형의 대답이나 반응보다는 상대방의 보다 다양한 생각을 이해하고, 상대방으로부터 보다 많은 정보를 얻기 위한 방법으로, 이로 인하여 서로에 대한 이해의 정도를 높일 수 있다.

5) 긍정적 표현하기

공감적 교류를 위하여 피드백 시 긍정적으로 표현한다. '왜?'라는 질문은 보통 부정적·추궁적·강압적인 표현이므로 가급적 사용하지 않는 것이 좋다. "왜요?", "왜 전화했어요?", "당신은 왜 내가 하라는 대로 하지 않지요?" 등의 표현은 올바른 경청의 효과적인 피드백이 아니다.

경청 능력을 높이는 적절한 맞장구

TIP

경청을 잘하는 사람은 반응을 잘하는 사람이다. 상황에 맞는 적절한 반응은 말하는 사람을 보다 의욕적으로 만들기 때문에 대화에 더욱 활기가 생기게 된다.

구분	표현
치켜올리듯 가볍게 하는 맞장구	저런, 그렇습니까? 잘됐습니다, 그렇게 하십시오.
동의하는 맞장구	과연, 정말 그렇겠군요.
정리하는 맞장구	말하자면 이런 것입니까? 아~, ~와 ~라는 것이지요?
재촉하는 맞장구	그래서 어떻게 되었습니까?

참고: 네이버 블로그(의사소통능력, http://m.blog.naver.com)

REFERENCE 09

사람의 마음 4개의 창

① 공개 영역(open area)

: 너도 알고 나도 아는 나의 모습

대인 관계에 있어서 마음의 상태에는 자신이 알고 있고 상대에게도 인지되는 영역으로 행동, 지식, 태도 등이 포함된다.

② 맹인 영역(blind area)

: 너는 알지만 나는 모르는 나의 모습

자신은 알 수 없으나 상대로부터는 잘 관찰되는 영역으로, 개인이 직면하기 힘든 무능력, 거부감 등이 포함된다.

③ 비밀 영역(hidden area)

: 나만 알고 너는 모르는 나의 모습

자신은 알고 있지만 상대에게는 숨기고 있는 영역이다.

④ 미지 영역(unknown area)

: 너와 나 모두 모르는 나의 모습

자신에게도 상대에게도 모두 인지되어 있지 않은 영역이다.

결국 커뮤니케이션 능력을 개발하려면 자신이 어떻게 상대에게 인식되고 있는가에 대하여서도 생각해 보아야 한다.

참고: 네이버 블로그(키슬러의 대인 관계 의사소통 스타일, http://blog.naver.com)

TIP

의사소통능력 증진

말을 많이 하는 것보다 많이 들어 주는 것이 좋다.

① 공감 능력

- 자신의 감정을 아는 능력
- 타인의 감정과 교감하는 능력
- 자신의 감정을 조절하는 능력
- 동기 부여를 위해 감정을 사용하는 능력

: 말을 끝까지 듣고 "억울하겠다", "화났겠다"

: 다른 관점을 갖도록 유도한다. "혹시 이런 거 생각해 봤어?" 하고 다른 관점을 권유하는 것만으로 충분하다.

② 대화법

- 침묵의 대화: 흥분하지 않고 잘 들어 준다. 끼어들거나 참견하지 않는다. 평가하거나 비난·방해하지 않고 듣는다.
- 집중적 경청 : 약간의 추임새를 넣으면서 듣는다. 상대가 마음을 열고 이야기할 수 있도록 유도하는 힘이 있다. 상대가 자신의 이야기를 집중하여 듣고 있다고 느끼게 된다.

공감적 경청

- 나의 욕구를 합리적으로 화내지 않고 표현하는 방법을 갖기
  차분히 이야기한다. 이성적으로 목소리 낮추고 합리적으로 '적절한 분노 표현'이 가능하면 상대방에 대한 애정이나 관심을 표명한 후 분노를 표현한다. 인격적인 비난은 피하고 잘못된 행동에만 초점을 두고, '나'를 중심으로 대화한다.
- 이왕 분노를 표현하려면 경쾌하게 밝히기

: 화난 이유, 화난 정도

참고: 네이버 블로그(키슬러의 대인 관계 의사소통 스타일, http://blog.naver.com)

5

의사 표현 능력

1. 의사 표현의 의미
2. 의사 표현의 중요성
3. 의사 표현의 형태
4. 언어적 의사 표현(말하기)
5. 비언어적 의사 표현(준언어)
6. 문화에 따른 의사 표현의 이해
7. 의사 표현의 방해 요인

1. 의사 표현의 의미

의사 표현 능력이란 생각과 감정을 포함한 본인의 의지를 상대에게 음성 언어나 비음성 언어 등으로 표현하는 능력이다. 의사 표현과 관련된 능력은 언어 또는 비언어로 표현되는 의사소통의 중요한 수단으로, 친교적 관계에서의 원만한 관계 유지를 위하거나 업무적 관계에서 직무 성과를 높이기 위해서 필요한 필수적인 능력이다.

필요한 말을 하고 상황과 시기에 맞는 표현을 자신 있게 하기 위하여 효과적인 의사 표현 능력을 갖추어야 한다.

의사 표현이란 다른 표현으로는 말하기이다. 즉, 말하는 이가 자신의 생각과 감정을 듣는 이에게 음성 언어나 신체 언어(준언어 포함)로 표현하는 행위이다. 의사 표현에는 다음과 같은 것이 있다.

- 음성 언어: 입말로 표현하는 구어
- 신체 언어: 신체의 한 부분인 표정, 손짓, 몸짓 따위로 표현하는 몸말을 의미

'말'은 우리의 일상생활이 미치는 영향이 매우 크기 때문에 올바르게 말을 하는 방법에 대한 노력이 요구된다.

언어 또는 준언어로 표현되는 의사 표현은 소통의 중요한 수단으로, 특히 말하는 이가 의도 또는 목적을 가지고 그 목적을 달성하기 위한 말하기를 의미한다. 의사소통의 중요한 수단인 말하기가 사용되는 예를 들면 다음과 같다.

- 말하는 이가 듣는 이에게 어떤 영향을 미치기 위한 것이다. 즉, 말하는 이는 듣는 이의 생각과 결정 등을 변화시키려는 것이다.
- 필요한 정보를 제공받기 위한 것이다(질문).
- 어떤 일을 요청을 위한 것이다.

의사 표현의 종류로는 어떠한 상황 또는 사태와 관련하여 공식적 말하기, 의례적 말하기, 친교적 말하기로 구분하며, 구체적으로는 대화, 토론, 보고, 연설, 인터뷰, 낭독, 구연, 소개하기, 전화 통화, 안내하는 말하기 등이 있다.

첫째, 공식적 말하기는 주제에 맞는 내용을 대중들을 대상으로 하여 말로써 표현하는 것이다. 공식적 말하기에는 연설, 토의, 토론 등이 있는데, 연설은 화자가 주제에 맞는 본인의 사고나 사상, 감정을 일방적으로 말하는 형식이고, 토의는 여러 사람이 모여서 공통의 문제에 대하여 가장 좋은 해답을 얻기 위해 합의를 위한 협의하는 방식이다. 토론은 어떤 주제 및 논쟁의 쟁점에 대하여 다른 입장의 진영에서 각기 논리적이며, 개관적인 근거를 설명하고, 상대방의 논거가 부당하다는 것을 명확하게 하는 말하기이다.

둘째, 의례적 말하기는 정치적 또는 문화적 행사에서와 같이 의례와 순서 절차에 따라 하는 말하기이다. 예를 들어 식사, 주례, 회의 등이 있다.

셋째, 친교적 말하기는 우리가 하는 일상적 대화에 해당하며, 친근한 사람들 사이에 가장 자연스런 상태에 떠오르는 대로 주고받는 말하기이다.

2. 의사 표현의 중요성

'말', '말투'가 그 사람의 이미지를 결정한다. 다시 만나고 싶은 사람, 공감을 잘해주는 사람, 믿음이 가는 사람 등과 같이 긍정적인 이미지의 사람이 있는가 하면, 부담 주는 사람, 짜증나는 사람, 신경질적인 사람 등과 같이 부정적인 이미지가 연상되는 상대가 있다. 이러한 요인은 평상시 대화에서 상대의 말 또는 말투로 인해 그 사람의 이미지가 반영된 결과이다.

우리는 대화에서 습관처럼 하는 말 중에 나의 이미지를 결정짓는 그런 표현은 없는가를 살펴보고 그러한 표현을 바꿈으로써 자신의 이미지를 긍정적으로 개선하여야 한다.

대인 관계가 원만한 사람들의 의사 표현은 다음과 같은 일반적인 공통점이 있다.

첫째, 부정적인 말투를 자제하자.

무엇이든지 부정적으로 평가를 내리는 사람이 있다. 반대를 위한 반대를 하는 식의 표현 등 부정적인 것부터 말하는 사람이 있다. 과연 원활한 소통에 도움이 될까?

무엇이든지 긍정적으로 말하자. 긍정적으로 말하고 부족한 부분은 상대에게 도움을 요청하고, 감사의 말을 하고 더 많이 감사할 일이 있을까를 생각하자. 『모든 관계는 말투에서 시작한다』에서 보면 말투의 중요성을 이렇게 표현하고 있다(김범준, 2017).

짜증내는 말투, 신경질적인 말투, 직설적인 말투, 날티 나는 말투……. 비호감 끝판왕인 사람들의 공통점은 바로 말투이다. 아무리 실력이 좋은 사람이라도, 아무리 유머가 뛰어난 사람이라도, 수백 개의 장점을 한순간에 물거품으로 만드는 것이 있으니, 그것이 바로 말투이다. 한두 마디에 담긴 말투 하나가 사람의 이미지를 만들고, 관계를 결정하며, 평판에 결정적인 영향을 미친다.

이와 같이 언어 등의 긍정적인 의사 표현을 위해서는 생각과 의식도 긍정적으로의 변화와 노력이 요구된다.

둘째, 상대의 말에 공감을 하자.

우리가 일상생활에서 가장 쉽게 상대에게 친절을 베풀 수 있는 것은 무엇인가? 그것은 상대의 말을 경청하고 그럴 수도 있다고 생각하는 공감이다. 그리고 상대가 원하는 대답을 해주는 것이다. 분명 그것이 정답이 아닐 수도 있지만, 상대는 매우 고마워할 것이며, 우리도 그에게 긍정적인 대답을 들을 수 있을 것이다. 가는 말이 고우면 오는 말도 고운 것처럼 우리가 고운 말로써 상대에게 씨앗을 뿌리면 상대가 좋은 열매를 가지고 나에게 되돌려 주는 것은 당연한 결과일 것이다. 빈말인 줄 알면서도 여자들은 예쁘다는 말은 수없이 들어도 싫어하지 않는다고 한다. 상대에게 배려가 바탕이 되는 말을 하면 그에게서 감사의 말을 들을 수 있다.

셋째, 자신을 너무 과소평가하지 말자.

이 말은 자신의 심리적 요인과 관계가 있는 것으로, 낮은 자존감으로 자기 자신을 대하지 말라는 것이다. 때때로 부정적인 상황에 놓이면, "내가 못 배운 게 죄지" 혹은 "내가 없는 게 죄지"라고 말하는 사람들이 있다. 또한 평소에 "죄송합니다", "미안합니다"를 너무 자주 사용하는 사람들이 있다. 꼭 필요한 경우가 아니라면 그렇게 해서 자신의 모습을 비하하거나 낮추지 말아야 한다.

넷째, 대화 후 자신의 대화 내용을 떠올리며 주의깊게 살펴보자.

대화 중에 불필요한 어휘나 부정적이거나 거부감을 주는 표현을 많이 쓰지는 않았는지, 본인만의 특정하고 거슬리는 추임새가 있지는 않았는지 등을 점검해 보자. 좋지 않은 언어 습관에 대해 지적해 주는 이의 충고를 부정적 감정을 배제하고 받아들이자. 그리고 약간은 의식적으로 내가 하는 말을 내가 듣고 싶은 말로 상대에게 자주 표현해 보자. 이러한 사소한 노력이 자신의 이미지 관리에 큰 도움이 될 것이다.

3. 의사 표현의 형태

우리의 의사 표현 수단이 되는 말(언어)은 언어와 몸짓 언어 등의 준언어로 구분할 수 있다. 또한 형태에 따라 언어적 — 비언어적, 음성적 — 비음성적으로 분류한다.

표 5-1
의사소통의 형태 구분

구분	언어적 형태 (classes of verbal)	비언어적 형태 (classes of nonverbal)
음성적 형태 (classes of vocal)	언어적 · 음성적 형태 (classes of verbal–vocal)	비언어적 · 음성적 형태 (classes of nonverbal–vocal)
비음성적 형태 (classes of nonvocal)	언어적 · 비음성적 형태 (classes of verbal–nonvocal)	비언어적 · 비음성적 형태 (classes of nonverbal–nonvocal)

참고: Malandro & Baker(1989)

| 언어적·음성적 형태 |

- 말의 내용을 해당하는 언어로 말함
- 언어: 사랑해(한국어)

  I love you(영어)

| 비언어적·음성적 형태 |

- 말의 내용을 제외된 음성으로 주로 감정이나 생각을 가미하여 표현
- 억양, 강세, 속도, 휴지(쉼) 등

| 언어적·비음성적 형태 |

- 손 또는 신체의 일부로 언어를 대신하여 표현
- 대표적으로 청각 장애인이 사용하는 수어(화)

| 비언어적·비음성적 형태 |

- 음성을 제외한 외적인 전달 시 사용되는 몸짓 언어
- 표정, 몸짓, 시선, 자세, 표정 등

4. 언어적 의사 표현(말하기)

의사 표현에서 언어로 하는 말하기란 말하는 사람의 생각이나 느낌, 의견 등을 말로 정확하게 표현하는 일 또는 자기의 의사를 상대편이 알아들을 수 있도록 말로 표현하는 일을 의미한다.

또한 말하기는 말을 하는 사람의 생각과 감정을 듣는 이에게 음성 언어로 표현하는 행위이다. 이때의 음성 언어는 입말인 구어로 표현한다. 의사 표현의 주요 수단인 말하기는 듣는 이의 생각을 변화시키려는 의도로 표현되기도 하고, 필요한 정보의 요청, 그리고 업무 수행의 요청 시에도 사용된다. 이러한 점에서 말하기는 의사소통의 중요한 핵심 수단이며 자신의 의지와 능력을 올바르게 표현하기 위해서 효과적인 의사 표현(말하기) 능력을 갖추어야 한다.

1) 말 다듬기

말 다듬기는 말을 하기 전 나의 의도를 정리하고 다듬는 것을 말한다. 말 다듬기를 제대로 하지 못할 경우 어색한 표현이 될 수 있고 마음이 앞서 중언부언할 수도 있다. 이럴 경우 말을 듣는 사람은 말하는 사람의 말의 의미를 제대로 이해하지 못하게 된다. 혹은 바르지 않은 말을 할 경우 상대방에게 부정적인 이미지를

말하기 TIP

'말'은 글로 표현하는 의사 표현과는 다르게 검토와 수정이 불가능하다. 따라서 상황과 시기에 맞는 말하기를 하여야 한다.
기본적으로 본인의 의지와 사고를 표현하는 말하기는 말 다듬기, 그리고 말하기의 주요 요소인 장단음, 고저, 발음, 속도, 휴지와 띄어 말하기, 음성 등을 올바르게 활용하여 보다 효과적으로 표현된다.

심어 줄 수 있다. 따라서 말 다듬기를 통해 우리는 표현의 완성도를 높일 수 있으며, 수준 높은 말솜씨를 가질 수 있게 된다.

2) 장단음

장단음은 낱말을 말할 때 본래 다른 소리보다 길게 내는 소리와 짧게 내는 소리를 말한다. 음의 길이, 즉 음의 긴소리와 짧은소리를 구분하여 말하는 것을 의미한다. 우리말은 외국어에서 사용되는 강세의 한 종류인 악센트는 중요하지 않으며 모음의 장단만으로 구분한다.

국가 표준 발음법 제3장에서는 모음을 발음할 때는 모음의 장단을 구별하여 장모음은 긴소리로 발음하고 단모음은 짧은소리로 발음한다고 정의하고 있다. 이는 모음의 장단은 단어의 의미를 구별하는 변별력에 활용됨을 말한다.

일상생활에서의 장단음의 사용은 사라지거나 축소되는 상황이며, 앞뒤 말을 들으면 단어의 의미를 파악할 수 있다.

3) 고저

고저는 낱말의 구조에 따라 소리 남의 높음과 낮음, 또는 높고 낮은 정도를 말한

표 5-2
장단음의 발음

단어	단음	장음
말	동물	언어
굴	먹는	동굴
밤	저녁	열매
병	유리	질병
사 : 과	과일	사과하다

다. 고저 없는 말은 자칫 힘이 없는 말투로 들릴 수 있고 장단과 상호 유기적 관계이다. 최고조—고저—저조에서 고조—저조로 체계의 변화가 있었지만 현재에는 말의 고저보다는 억양이나 강세가 강조되고 있다. 주로 긴소리가 높은음으로 표현된다.

- 암행어: 사—, 어린이

4) 발음

발음이란 혀, 이, 입술 등을 이용하여 말을 이루는 소리를 내는 것으로, 의사 표현에서 발음이 차지하는 비중은 매우 높다. 유용한 정보의 전달에서 발음이 정확하지 않으면 말하는 핵심 내용의 전달이 어렵다. 그 예로 영화, 연극, 개그 등에서 대중이 선호하는 연예인은 대부분 발음이 정확하다. 그만큼 정확한 발음을 통한 전달력이 중요한 것이다.

폐에서 나온 숨이 성대를 거치면서 진동에 의해 소리를 만들고 조음 기관인 혀, 입천장, 턱, 입술 등의 움직임으로 자음과 모음의 음가가 만들어진다. 이러한 음가 중 정확한 발음을 결정하는 것은 모음의 음가이다. 모음은 혀의 높낮이와 위치, 입술의 모양에 따라 음가가 결정된다.

- 'ㅏ, ㅐ, ㅓ' 등의 개모음은 혀의 높이가 낮고 턱을 벌려 발음한다.
- 'ㅣ, ㅡ, ㅜ' 등의 폐모음은 혀의 높이가 높고 턱을 닫고 발음한다.

5) 속도

사람의 감정 표현과 밀접한 관계가 있는 말의 속도는 의도적으로 변화를 주어 표현할 수 있다.

TIP **김범준의 『말투는 버릇이다』에서**

'개저씨'라는 말을 한 번쯤은 들어봤을 것이다. '개'와 '아저씨'의 합성어로, 주로 여성이나 약자에게 '갑질'하는 중년 남성을 일컫는 말이다. 예는 수도 없이 많다. 드라마 〈미생〉의 한 장면을 떠올려 보자. 남자 상사가 부하 여직원에게 말끝마다 "어디 여자가?"라는 폭언을 내뱉는다. 개저씨의 전형적인 예이다. 지하철에서도 쉽게 볼 수 있다. 밑도 끝도 없이 "요즘 젊은 것들은……"이라는 말을 하며 욕하는 아저씨, 역시 개저씨이다.

개저씨라 불리는 사람들이 이러한 오명을 쓰게 된 이유는 무엇일까?

바로 말투이다. 말의 버릇이나 모습 때문에 일순간 개저씨로 전락해 버린 것이다. 젠틀맨으로 거듭나고 싶다면 최우선 과제는 바로 자신의 말투를 살펴보고 지금 당장 고쳐야 할 말투가 무엇인지 문제점을 찾아내는 것이다. 물론 아저씨들만의 문제는 아니다. 비호감에서 벗어나 사람들에게 호감형 이미지로 기억되고 싶다면 말투에 그 답이 있다는 것을 기억하고 이제부터 하나씩 구체적인 실천법을 배워 보자.

참고: 김범준(2017)

- 1분당 300음절 이하: 활력이 없고 느린 느낌
- 1분당 350음절 정도: 차분하게 인식되는 느낌(350~370)
- 1분당 400음절 내외: 빠른 느낌으로 내용 파악이 용이하지 않음

의미 전달에 정확성을 기하기 위하여 본인 평상시 말의 속도를 파악하고 있어야 하며, 듣는 이의 반응을 살피면서 조절하는 것도 필요하다.

6) 휴지와 띄어 말하기

휴지와 띄어 말하기란 말 그대로 휴지 또는 쉼을 의미하며, 말과 말 사이에 쉬는 것이다. 단어와 단어 사이, 문장과 문장 사이 등 단위가 클수록 휴지 시간은 길다. 휴지를 활용하여 동질감, 논리성 등을 확보할 수 있다.

- '아버지가 방에 들어가신다.'

- '아버지 가방에 들어가신다.'
- '아버지가방에 들어가신다.'

또한 이야기 주제를 전환할 때, 상대 또는 청중에게 질문을 하거나 동조·양해를 구할 때, 생략·암시·여운 등의 표현할 때 사용한다.

7) 음성

음성이란 사람의 발음 기관을 통해 내는 구체적이고 물리적인 소리로, 사람의 목소리나 말소리를 의미한다. 그렇다면 좋은 음성이란 어떠한 것인가? 그것은 상황과 시기에 적합한 소리일 수도 있고 직업과 관련된 것일 수도 있다. 따라서 개인의 선호와 취향, 유행, 시기, 직업 등에 따라 그 기준이 달라질 수 있다. 음성(목소리)은 선천적으로 타고나는 부분도 있지만 개인의 노력에 따라 많은 변화와 발전이 가능한 부분이다.

음성은 의미의 전달뿐만 아니라 말하는 사람에 대한 인상을 반영한다. 즉, 약하고 가녀린 목소리, 힘 있고 거친 목소리 등 음성을 통해 말하는 사람의 이미지가 듣는 이에게 전달된다.

좋은 목소리를 위해서는 듣는 이의 관점, 거리를 감안하여 편안한 상태로 경청할 수 있는 알맞은 크기와 분명한 의미 전달을 위한 절도 있고 명확한 음성, 상황과 시기·내용에 따라 다양한 음성으로 표현하는 방법 습득 등에 노력하여야 하고, 말하는 사람의 개성·나이·경험 등과 연관을 갖는 만큼 정확하고 진실된 표현에 힘써야 한다.

그럼, 상대에게 듣기 좋은 목소리를 만드는 방법 3가지를 살펴보자.

| 복식 호흡 |

- 코로 천천히 4~5초간 숨을 들이 마신다(아랫배가 앞으로 나오도록).
- 아랫배에 모은 숨을 천천히 뱉어 낸다.

TIP **음성을 좋게 하는 방법**

- 안정적인 음성을 위해 숨을 깊게 들이마셔라.
- 음가를 정확히 내기 위하여 가급적 입을 크게 벌려라.
- 긴장하지 말고 차분해져라.
- 성대에 도움을 주는 음식을 섭취하라(오미자차, 꿀, 과일, 주스 등).
- 수분 섭취와 목 주변 마사지를 하라.
- 음주와 흡연를 절제하고, 충분히 휴식을 취하라.
- 문장 읽는 연습을 꾸준히 하라(크기와 발음).

- 배에 힘을 주어 소리를 낸다.

| 발음을 결정하는 기본 모음의 입 모양: 아, 이, 우, 에, 오 |

- '아'는 손가락 3개가 들어갈 정도로 입을 크게 벌린다.
- '이'와 '에'는 입을 옆으로 크게 벌린다.
- '우'와 '오'는 입을 되도록 앞으로 많이 내민다.

| 혀의 위치는 모음에 따라 변한다 |

직접 소리 내어 '아, 오, 우', '아, 에, 이'를 읽으며 혀의 위치와 모양의 변화를 확인하며 연습한다.

5. 비언어적 의사 표현(준언어)

우리는 의사 표현에서 무엇을 말해야 하는지, 즉 내용에만 너무 치중한 표현을 하고 있는 것은 아닌가? 효과적인 의사 표현을 위해서는 무엇을 표현할지도 중요하

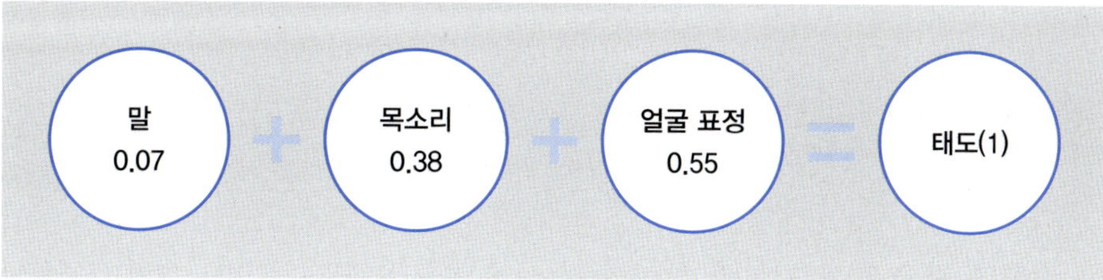

참고: Mehrabian & Ferris(1967)

그림 5-1
메라이언 법칙

지만 어떻게 표현할 것인가도 중요하게 생각하여야 한다.

| 메라이언 법칙 |

- 의사소통 시 청각적, 시각적 이미지가 중요하다는 이론이다.
- 커뮤니케이션에서 말은 7%, 준언어인 목소리와 몸짓 언어인 표정이 93%의 비중을 차지한다.

"밝은 미소와 목소리 톤, 눈맞춤은 정확한 한마디보다 힘이 있다."

국민대통합위원회

"사람의 눈은 혀만큼 많은 일을 한다. 게다가 눈으로 하는 말은 전세계 누구나 이해할 수 있다"

랠프 월도 에머슨

'준말' 또는 '준언어'라는 의미는 말의 의미를 보다 효과적으로 전달하고 감정 전달의 표현도 가능하게 한다.

준언어의 구성 요소인 억양, 강세, 몸짓 등을 살펴보면 다음과 같다.

1) 억양

억양은 말에서 음성의 음높이에 나타나는 변화로, 음(音)의 상대적인 높이를 변하게 한다. 또는 그런 변화를 말하며, 음절 억양, 단어 억양, 문장 억양 등이 있다.

- 세련된 표현, 섬세한 표현 가능
- 억양에 따라 의미의 차이가 발생
  : 잘했다, 잘—했다 (길이 및 억양의 차이)

- 반내림조: 보통 서술문
- 완전 내림조: 감정이 이입된 서술문
- 올림 내림조: 사실 확인의 서술문
- 반올림조: 보통 의문문
- 완전 올림조: 확인 의문문
- 내림 올림조: 놀라움을 표시하는 의문문

2) 강세

강세는 연속된 음성에서 어떤 부분을 강하게 발음하는 것으로, 외국어의 악센트와는 구별된다(악센트는 단어 자체에 강하게 발음할 부분이 정해져 있다). 강세는 강조를 위해 음절이나 단어를 강하게 발음한다.

- 수빈이는 오늘 유치원에 오지 않았어요.
- 예원이는 오늘 늦었네.

3) 몸짓

말 이외에 의미 전달의 효과를 위해 사용되는 몸짓 언어에는 몸짓, 자세, 얼굴 표정, 동작 등이 포함된다. 외형적인 변화를 통해 말의 의미를 강조하거나 전달의 정

몸짓을 자연스럽게 하는 방법 TIP

- 경직된 자세를 피한다.
- 일정한 자세를 유지한다.
- 시선의 안정감을 위해 전체를 살핀다.
- 시선의 고정하여 안정감을 확보한다.
- 내용과 시선을 일치시킨다.

확성을 기한다. 그러나 말의 의미와 반대 성향의 몸짓 표현으로 상대를 무시하기도 한다.

6. 문화에 따른 의사 표현의 이해

〈외국인이 꼽은 한국인의 거짓말 1위〉에 선정된 내용을 보면, "언제 밥 한번 먹자"라는 표현이라고 한다. 이와 같이 우리는 오랜만에 만나거나, 헤어질 때 의례적으로 하는 인사의 개념을 외국인들은 사실의 개념으로 이해한다고 한다. 이러한 혼동은 문화적 차이에서 발생하는 의사 표현의 차이점이라 할 수 있다.

1) 고맥락 문화와 저맥락 문화

| 고맥락 문화의 표현 |

고맥락 문화(사회)의 표현은 구성원들 간에 공유하고 있는 것이 많은 집단 사회에서 주로 발생하는 사회적 현상으로, '말'의 표현보다는 당시의 상황을 파악해서 이

표 5-3 고맥락 문화와 저맥락 문화 비교

고맥락 문화	저맥락 문화
"차린 건 없지만 많이 드세요."	"정성껏 차렸으니 맛있게 드세요."
"뭐, 이런 거를 다 사오셨어요."	"신경 써서 사 줘서 고마워요."
"언제 밥 한번 먹자."	"○○일 ○○에 같이 식사할까?"

해하는 언어 습관이다. 말하지 않아도 상황을 파악해서 이해해야 되는 어려움이 발생할 수 있다. 정착을 주로 선호하고 농경 사회가 시조가 되는 우리나라와 일본 등이 해당된다.

| 저맥락 문화의 표현 |

저맥락 문화(사회)의 표현은 의사 표현에 있어서 분명한 것이 특징이다. 고대의 유목 사회나 다인종 국가에서 주로 나타나는 사회적 현상으로, 여러 문화가 섞여 있기 때문에 상대방이 자신에 대하여 잘 모를 것이라는 생각에서 출발하는 의사 표현 양식이다. 미국과 유럽 일부 국가가 이에 해당되며 비언어적 표현보다는 직접적인 언어 사용이 선호된다.

불필요한 요소를 줄여 주는 고맥락적 표현과 오해를 줄이는 직접 화법의 저맥락적 표현은 어느 한쪽이 우수하다고 할 수 없기 때문에 대상과 상황에 맞게 2가지 의사 표현의 의미를 알고 있어야 한다. 고맥락 사회인 우리나라도 요즘은 젊은 세대를 중심으로 저맥락적 표현을 선호하는 추세이다.

REFERENCE 10

소통의 중요성(개그맨 유재석의 소통의 9가지 생각)

1. '앞'에서 할 수 없는 말이라면 '뒤'에서도 하지 마라.

'앞에서 할 수 있는 말인가, 아닌가'는 속칭 뒷담화인가 아닌가의 좋은 기준이다. 칭찬이 발이 달렸다면, 험담에는 날개가 달려 있으니, 상대가 앞에 없더라도 허물은 덮어 주고 칭찬은 자주 하라.

2. '말'을 독점하면 '적'이 많아진다.

'굿토커'를 완성시키는 것은 아이러니하게도 '굿리스너'가 되는 것이다. 말을 독점하는 사람은 타인을 배려할 줄 모르는 사람이다. 적게 말하고 많이 들어라. 들을수록 내 편이 많아진다.

3. 목소리의 '톤'이 높아질수록 '뜻'은 왜곡된다.

목소리가 큰 사람이 이긴다는 말은 옛말이다. 흥분하지 마라. 낮은 톤의 목소리가 힘이 있는 법이다.

4. '귀'를 훔치지 말고 '가슴'을 흔드는 말을 해라.

상대방의 귀를 솔깃하게 하는 말보다는 상대에게 정말 필요하면서도 마음에 남는 말을 해라.

5. 내가 '하고' 싶어하는 말보다 상대방이 '듣고' 싶은 말을 해라.

상대방의 입장에서 말을 하자. 못이기는 척 상대가 원하는 말을 해주자.

6. '뻔'한 이야기보다 '펀(fun)'한 이야기를 해라.

자신이 하는 말에 스스로가 재미있어야 한다. '펀(fun)'한 이야기를 하고 싶다면 스스로 즐겨야 한다.

7. 말을 '혀'로만 하지 말고 '눈'과 '표정'으로도 해라.

비언어적 요소는 매우 중요하다. 사람에 대한 이미지는 언어적 요소보다는 시각적인 요소에 의해 좌우된다.

8. 입술의 '30초'가 마음의 '30년'이 된다.

학교나 군대, 회사 등 여러 사람들이 관계를 맺는 조직에서 빚어지는 갈등의 가장 큰 원인은 '말'이다. 내가 뱉은 말 한마디가 누군가의 인생을 바꾸어 놓을 수 있다는 것을 항상 기억해라.

9. '혀'를 다스리는 것은 본인이지만 내뱉어진 '말'은 나를 다스린다.

말을 항상 신중하게 해라. 당신이 뱉은 말은 곧 당신의 그릇과 인격을 나타낸다.

참고: 네이버 블로그(소통의 명언 9가지, http://blog .naver.com)

7. 의사 표현의 방해 요인

원활한 의사 표현을 저해하는 요소는 매우 다양하다. 부적절한 용어 사용, 거슬리는 음성(목소리, 발성), 부자연스러운 몸짓 등 여러 요소에서 효과적인 의사 표현을 방해하는 원인이 될 수 있기 때문에 훈련을 통하여 저해 요소를 제거하려는 노력을 지속적으로 해야 한다.

또한 대중을 상대로 해야 하는 부담감을 뜻하는 연단 공포증도 반복적인 기회를 통해 심리적 불안 요소를 유화시킬 수 있다. 연단 공포증은 지극히 자연스러운 것이다. 누구나 대중 앞에 서면 시선 처리, 음성, 주요 내용의 적절성, 대중의 평가 등에 대한 부담을 갖기 마련이다. 따라서 무작정 거부하기보다는 자연스러운 현상임을 이해하고 그 과정을 극복하는 자신을 떠올리며 유연하게 대처하여야 한다.

부정적 상황의 대응 전략

1. 막말에 대처하는 방법

상대방의 무례한 언어 공격에 여러분은 어떻게 대처하고 있나요? 물론, 막말의 정도 차이도 있겠고, 듣는 우리의 감정 상태와 그 상황의 기분에 따라 다양한 대처 방법이 있겠죠. 하지만 어떠한 일에 원칙을 세우듯이 상대의 무례한 언어 표현에 대한 나의 대응 전략을 미리 생각해 둔다면 당황하거나 불편한 감정이 생기는 것을 조금이라도 줄일 수 있습니다. 시대가 바뀌었습니다.

과거: '참을인'자 3번이면 '살인'도 면한다.
현재: '참을인'자 3번이면 '호구'가 된다.
(※호구: 어수룩하여 이용하기 좋은 사람을 비유적으로 이르는 말)

이렇듯 참는 것이 능사가 아닌 것이 현대인의 대인 관계입니다. 독일의 유명한 커뮤니케이션 전문가이며 베스트셀러 작가인 바바라 베르크한은 상대의 무례한 언어 공격에도 스트레스 없이, 상처 없이 태연하게 대처하는 대화법에서 아래와 같은 전략을 제시합니다.

첫 번째, 침착하고 냉철한 상태를 유지하라.
쉽지 않은 일입니다. 막말을 들으면 대부분 마음속에서 '욱'하는 감정이 올라옵니다. 하지만 맞대응은 막말을 하는 공격자가 쳐 놓은 덫에 걸리는 것입니다. 한발 떨어져서 보면 그러한 공격자가 싸움을 시도하는 어린아이와 같다고 합니다. 굳이 어린아이에게 또 다른 공격으로 싸움을 해야 할까요.

두 번째, 아무렇지도 않다는 반응을 일관되게 보여라.
당연히 대응을 하지 않을 것이므로 반응도 그에 맞게 해야 합니다. 무표정, 무반응, 그리고 공격 내용에 대한 짧은 한마디, 그래? 그렇네…….
그리고 가급적 한마디 말은 밝고 경쾌하게.

이러한 기본 전략에 2가지 응용 전략을 더하면 다음과 같습니다.

2. 유머로 받아치기

(여자는 기계를 못 다루고 무식하다고 평상시 생각하는 남성이 동료 여성에게 말합니다.)

"컴퓨터에 불이 붙으면 여자는 어떻게 하는지 아세요?"
"글쎄요, 도구 등을 이용해서 불을 끄겠죠."
"아닙니다, 백스페이스 키를 누르죠."

"내일 아침 9시 반쯤 웃으면 되나요?"

3. 개소리는 딴소리가 답

공격자의 주제에 머무르지 말고 다른 주제로 이야기합니다(주도권).

그런 상황이면 공격자는 "너 지금 말 돌리는 거야?"라고 할 수도 있겠죠. 그럼, 그때 다시 한번 명쾌하게 대답하면 됩니다. "그래, 맞아." 그러면서 바뀐 주제에 대하여 이끌어 가야 합니다.

이렇게 하면 모든 대상과 상황에 적용할 수는 없어도 듣는 우리의 마음을 추스르고 진정시키는 효과는 있을 것입니다.

참고: 바바라 베르크한(2017)

ASK | **다른 표현으로 바꿔서 표현해 봅시다.**

(유사한 의미의 다른 표현: 긍정)

- "난 너 하나만 보고 살아. 그런데 왜 그렇게 실망만 주니?"

- "넌 누굴 닮아서 그러니? 하는 일마다 마음에 안 들어."

- "매번 조금 부족한 것 같아."

- "다 너 잘되라고 그러는 거야."

- "너는 왜 맨날 흘리고 먹니?"

- "조용히 좀 못 해, 입 닥쳐!"

- "그럴 줄 알았어. 네가 하는 일이 그렇지 뭐."

- "절대 남한테 뒤쳐지면 안 돼."

6

자기 조절 능력

QUESTION

자기 조절 능력이란 무엇인가?

자기 조절력에 대한 체크리스트

질문 내용	없다 0	가끔 1	매번 2
1. 버스가 늦거나 사람이 많아 그냥 택시를 잡았다.			
2. 낮에 일어난 언짢은 일 때문에 잠이 오지 않았다.			
3. 말을 꺼내 놓고 금세 후회했다.			
4. 담배, 커피 등을 끊어야겠다고 생각한 것을 다시 시작했다.			
5. 스트레스를 참지 못해 자리를 박차고 일어섰다.			
6. 식당에 갔는데 서비스가 마음에 안 들어 그냥 나왔다.			
7. 우울한 기분이 이틀 이상 계속되었다.			
8. 마음에 걸리는 일이 있어 일이 손에 잡히지 않았다.			
9. 이유 없이 미적미적하다가 약속 시간에 늦었다.			
10. 술을 마시고 이유 없이 울었다.			
11. 누군가의 말에 욱해서 되받아쳤다.			
12. 누군가를 상대하기가 어색해서 피했다.			
13. 시간에 쫓겨 새치기나 얌체 운전을 했다.			
14. 동료의 일 처리가 늦어 화가 났다.			
15. 일하려고 책상에 앉았다가 10분 후에 딴짓을 했다.			
16. 그만 먹겠다고 생각하면서 계속 먹었다.			
17. 상대가 말하는 도중에 끼어들어 내 의견을 말했다.			
18. 가족들의 잔소리에 화가 났다.			
19. 술자리에서 그만 가야겠다고 생각하면서 그러지 못했다.			
20. 이유 없이 짜증나는 날이 있었다.			
점수 합계			
총점			

참고: 이시형(2010)

1. 자기 조절 능력의 의미

자기 조절(self-regulation)이란 외적인 환경에 대응하고 자신의 의지를 자발적으로 생각하고 계획하여 행동 등을 관리하는 것으로, 자기 조절은 태도나 규범 등을 통해 형성된 사고가 행동으로 표출되는 의식적인 과정과 무의식적인 과정의 원리이다. 특히 자신의 의도와 목표, 자기 개념이 행동으로 드러나도록 실천에 옮기고 자신의 행동을 수정하거나 외부를 변화시켜 자기 개념과 개인적 목표에 합치되는 결과를 가져오는 심적·행동적 과정이다(Fiske & Tayor, 1991; 김교헌, 2006 재인용). 이러한 외적인 반응을 올바른 정서를 바탕으로 통제하고 절제할 수 있는 역량을 자기 조절 능력이라 말한다.

자기 조절은 무분별한 행동이나 게으른 습관, 탐닉 행동, 자신이나 타인에게 해가 되는 우발적인 행동이나 습관을 개선하는 데 필요한 이론과 응용을 제공한다(네이버 지식백과, 2014).

자기 조절 능력은 우리가 인간적인 사회로 만드는 데 꼭 필요한 능력이다. 미래를 위해 참고 기다릴 줄 알고 남에게 폐를 끼치지 않는 능력이다. 세상이 내 맘대로 돌아가는 것이 아님을 깨닫고, 상대방을 배려할 줄 아는 능력이기도 하다.

자기 조절 능력은 자신의 불안정한 감정적 요소를 이성적 사고를 통하여 조절

TIP

자기 조절

지향하는 목표나 어떠한 기준에 도달하기 위하여 자신의 생각, 감정, 충동, 행동 등을 조절하고 통제할 수 있는 능력

참고: Rothbaum, Weisz, & Snyder(1982)

자기 조절 능력

참을 수 있는 능력(우리나라는 폭력으로 기소되는 비율 OECD 평균보다 16배 높음)
: 폭발적인, 충동적인, 화가 나는, 공격적인 상황에서 참을 수 있는 것

하는 능력으로, 이성적 사고의 기반은 사회 규범, 윤리(도덕적 판단), 가치 판단 등이며 이를 통하여 심신의 안정된 상태를 유지하게 한다.

2. 인간과 자기 조절

인간의 핵심 특징은 본능적 충동이나 자극-반응의 조건화를 넘어선다는 것이다. 다시 말해 인간은 "마음이 그 마음의 기능과 상태 및 내적 과정들에 통제력을 행사하는 과정"인 자기 조절을 통해 넓은 범위의 행동 선택이 가능하다(Baumeister, 1998; Baumeister et al., 1994).

인간은 흔히 자신이 설정하는 목표 또는 생각과 일치하는 상태를 이루기 위해 의식적 또는 무의식적으로 맞추려고 노력하는데, 이러한 시도와 과정이 자기 조절로 이해될 수 있다.

자기 조절은 인간 내부의 감정에 치우치는 사고와 성질을 이성적이고 인격적인 모습으로 바꾸는 데 중요한 역할을 한다. 자기 조절은 용어 그 자체에도 포함되어 있듯이, 자신의 의도대로 자기에 의한 감정과 행동의 조절 시도가 핵심이다. 자기 조절의 개념을 자기 개념이 행동으로 드러나도록 실행에 옮기고 자신의 행동을 수정하거나 외부를 변화시켜 자기 개념과 개인적 목표에 합치되는 결과를 가져오는 심적·행동적 과정으로 본다면 자기 조절이 적용될 수 있는 영역은 매우 넓다(Fiske & Tayor, 1991; 김교헌, 2006 재인용).

자기 조절은 자신의 설정한 목표 달성의 과정에서, 그리고 타인과의 대인 관계

표 6-1
자기 조절의 필요

자신과 관계	타인과 관계
• 개인이 설정한 목표를 달성하는 과정 • 목적 달성을 위해 자신을 통제하는 과정	• 순간적인 감정의 변화에 대응 • 수시로 변하는 감정의 안정화

REFERENCE 12

자기 조절 감정의 형성(의학적 이론)

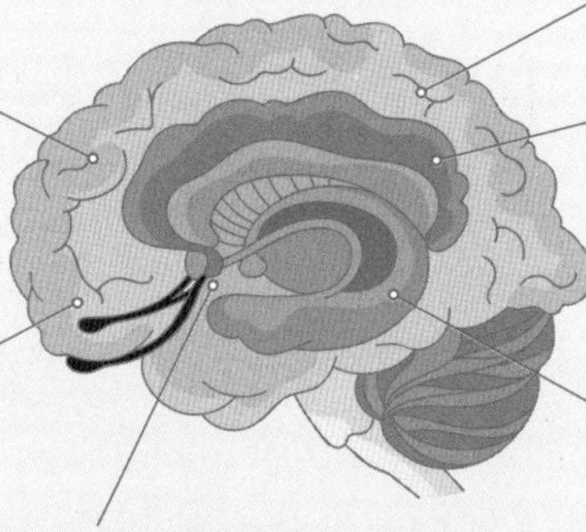

우리의 뇌는 신피질로 덮여 있고, 그 밑에 동물 뇌 또는 감정 뇌라고 불리는 변연계가 존재한다. 이 변연계의 역할 중에 동물적 반응, 감정 등을 조절하는 기능이 있다고 한다. 그리고 우리 눈의 뒷부분에 전두엽(행동에 대한 명령: 결정 기관)의 한 부분인 OFC(안와전두피질)가 있는데, 이 기관에서 우리 행동에 대한 명령과 지시를 담당한다고 한다. 그리고 변연계와 OFC를 연결하는 연결 통로인 신경 회로가 있는데, 이 연결 고리는 태생 이후에 형성되며 우리가 말하는 자기 조절의 역할을 수행한다.

이것이 이성과 감성(정)의 연결 고리인 것이다. 따라서 연결 통로의 회로가 견고할수록 자기 조절 능력이 발전하게 되는데, 이는 만 1세에서 만 3세 무렵에 왕성하게 생성되며—되는 것과 안 되는 것—에 대한 통제와 억제의 이해를 바탕으로 형성된다.

이시형은 만 1세 미만의 아이는 무한한 사랑과 애정이 필요하며 그 이후부터는 훈육자가 잘못된 행동에 대하여 통제의 의미인 '안 돼'의 표현을 명확히 하여 자기 조절 능력이 형성되도록 하여야 한다고 설명하고 있다.

'화가 날 수 있다', 누구나 '화가 나는 상황이 있다.'

하지만 그것을 '어떻게 표현할 것인가?'는 자신의 조절 능력을 바탕으로 하는 선택의 문제이다.

참고: 〈이시형 TV〉

형성에서 필요하다.

3. 자기 조절 능력의 형성

자기 조절 능력의 형성의 시작은 만 1세 무렵 부정적 의미의 통제를 통해 자신의 감정을 억제하는 뇌의 역할이 형성되면서부터이며 만 3세 무렵까지 활발하게 발달한다고 한다. 즉, 이 시기에 통제의 반복 훈련을 통해서 억제의 감정과 힘이 형성되는 기초가 마련되는 것이다.

〈이시형 TV〉에서 이시형은 우리 사회가 매우 충동적인 사회라고 평하며 자기 조절 능력 형성에 대하여 의학적으로 설명하고 있다.

| 자기 조절은 근본적으로 인간은 욕구가 있는 존재이기 때문이다 |

자아실현 욕구, 애정 욕구, 안전 욕구, 생리 욕구 등 인간은 사회생활에서 수많은 욕구가 있다. 이러한 욕구의 해결을 통하여 적응하게 된다. 그리고 적응과 해결의 만족 정도에 따라 자신을 통제하고 조절하는 에너지가 형성되는데, 이러한 힘을 조절하며 자기 조절 능력이 형성된다.

| 만족 지연은 자기 조절 능력 형성의 바탕이 된다 |

만족을 위하여 참고 기다리는 능력을 말하는 만족 지연 능력은 자제를 통한 생각과 행동을 조절할 수 있기 때문에 자기 조절 능력 형성에 바탕이 된다.

4. 자기 조절 능력 높이기

대인 관계 형성에서 또는 어떠한 목표를 달성하기 위해서는 자기 자신의 꾸준한 관리가 필요하다. 이러한 자가 관리는 결국 자기 조절 능력을 의미하는데, 자기 조절의 핵심 요소를 이해하여 지속적으로 개선 노력을 하여야 한다.

1) 자신을 관찰하는 모니터링

자신을 관찰하는 모니터링은 심리학에서 말하는 메타 인지(나는 얼마만큼 할 수 있는가에 대한 판단, 우리 자신의 사고 능력을 바라보는 또 하나의 눈)와도 연관이 있는 자가 모니터링으로, 자신의 행동과 생각을 객관적으로 관찰하여 무엇을 알고 무엇을 모르는지 또는 무엇이 옳고 그른지 등의 문제점을 찾아가려는 노력이다. 이러한 자신의 올바른 모니터링은 스스로에게 질문을 해보는 과정을 통해서 자신의 감정을 조절하여 목표 달성의 가능성을 증가시킨다(감정, 운동, 지적 기능

TIP **자기 관찰과 사례**

자기 관찰

- 자기 조절의 가장 기본적이고 필수적인 과정
- 자신의 내면적 상태나 과정을 인식하는 것
- 자신의 내면의 심리를 주의를 기울여 의식적으로 객관화하여 살피는 것

사례(식습관)

- 먹는 것을 모두 상세히 기록(파악)
- 섭취한 양, 음식 종류, 칼로리, 섭취 시간, 식사 분위기 등을 기록
- 체중의 유지 및 관리를 위한 개선점 파악
- 잘못된 식습관 내용을 파악
- 문제가 되는 생각, 행동, 상황의 파악

의 전두엽 역할 활성).

- “나는 지금 무엇을 하고 있는가?”
- “내가 세운 계획을 위한 나의 행동이 올바른가?”
- “나의 말투가 인간관계 형성에 도움이 되는가?”

2) 자기 조절의 방해 요인 제어

자기 조절의 방해 요인 제어는 자신이 생각하는 가치와 도덕적 관념에서 벗어나려는 상황에 대한 억제를 말하며, 목표 달성에 방해되는 여러 물리적·심리적 유혹에 대한 제어도 이에 해당된다. 결국 감정의 제어(억제)는 자신의 의지 문제이기 때문에 아주 작고 사소한 감정의 제어 훈련을 통해 개선의 노력이 필요하다.

| ‘욱’ 하고 올라오는 감정 ‘꾹’ 참아 보기 |

욱: 앞뒤 개연성 없이 나의 마음속에에서 불끈 올라오는 아주 충동적이고 불편한 감정. 격한 마음이 불끈 생기는 모양을 나타내는 말.

3) 물리적·정서적 반응 조절

물리적·정서적 반응 조절은 일상생활이나 업무의 결과에 대한 자신의 지나친 반응을 조절하는 것을 말한다. 목표를 달성하면 우쭐대는 마음보다는 자신에 대한 칭찬을 바탕으로 더 큰 목표를 수립하여야 하고, 뜻대로 되지 않는 일에 대한 좌절감, 패배의 감정을 순화하여 격려와 용기를 북돋아 주려는 노력과 ‘할 수 있다’와 같은 긍정의 힘이 필요하다.

자기 조절 능력의 훈련을 통하여 내면적인 충동, 자동적 습관이나 반응을 제어하고 올바른 사고를 바탕으로 하는 새로운 행동을 실현하여야 한다.

TIP **물리적 · 정서적 반응 조절**

자기 반응

- 결과에 따라 수반되는 감정 반응과 새로운 반응을 형성하는 과정
- 기쁨이나 자부심 같은 긍정 정서 경험: 행동 강화, 유지
- 슬픔, 좌절 등과 같은 부정적인 정서 경험: 격려, 용기

충동적인 내면의 분노, 어떻게 표출할 것인가?

폭력, 고함, 집어 던지기, 욕하기, 참기

- 자리를 떠나라.
- 심호흡을 하고 충동을 억제하라.
- 이후의 상황을 고려하라.

자기 조절을 증진하는 방법

- 자신에 대한 정확한 고찰
- 생각과 행동의 계획과 실행
- 목표를 향한 생각과 행동을 지속적으로 점검
- 심리적 감흥의 관리

MEMO

7

의사소통을 위한 훈련

토론 1: 지하철 무임승차 나이, 높이는 게 좋을까요?

토론 2: 개(반려동물) 안락사 논란

DISCUSSION 1

지하철 무임승차 나이, 높이는 게 좋을까요?

| 자료 |

무임승차란 요금을 내지 않고 탑승하는 것을 말해요. 우리나라는 노인 연령 기준인 65세 이상의 이용객에 한하여 지하철 이용 시 요금을 내지 않고 탑승할 수 있습니다. 이것은 고령층에 대한 복지 차원에서 시작된 것으로, 1980년대 초부터 시작되었어요.

서울, 부산, 광주, 대구, 대전, 인천 등 전국의 지하철 공사들이 현재 65세 이상인 무임승차 대상 나이를 70세로 올려 달라고 요구하고 있어요. 2017년부터 만 70세 이상은 요금을 내지 않고, 65~70세는 요금의 50%를 내게 하자는 주장인데요. 인구가 고령화되면서 무임승차 가능 인원은 계속 늘고 있는데, 지하철 운영 적자는 계속 심해지고 있기 때문입니다. 처음 무임승차 정책이 도입되던 1980년대 초 전체 인구에서 노인이 차지하는 비율은 4%였지만, 지금은 12.7%에 달하기 때문에 정책적으로 보완해야 할 점이 있는 것은 사실입니다.

무임승차에 대한 찬반 논란은 인터넷 안팎에서 뜨거운 논쟁거리가 되고 있는데요. 무임승차 조정을 반대하는 입장에서는 우리나라 노인 빈곤율이 심각한 상황에서 노인 복지를 늘려도 모자랄 판에 줄이는 것은 도리가 아니라고 주장합니다.

무임승차 조정을 찬성하는 쪽에서는 지하철 공사의 적자 문제를 그 이유로 들고 있어요. 지금도 적자인데 앞으로 고령화 사회가 심화되면 적자가 더 커질 것이라고 보는 것이죠. 게다가 65세 이상의 노인들 건강 상태가 예전보다 나아졌기 때문에 혜택받는 연령을 올려야 한다고 주장하고 있어요.

참고: 네이버 지식백과(지하철 무임승차 나이, 높이는 게 좋을까요?, https://terms.naver.com)

"노인 복지 관점서 사회적 합의를" (일부)

"노인들은 돈도 안 내는데, 젊은 사람들이 자리에 앉아 가야지." 서울 은평구에 사는 김옥순(70)씨는 지하철을 탈 때 자리에 앉지 않는다. 본인은 시니어 패스(어르신 교통카드)를 이용해 무료인데, 돈을 낸 사람들에게 얹혀 탄다는 생각이 들기 때문이다.

김씨는 "운전면허도 없고 차도 없고 길눈도 어두운 내게 가장 만만한 이동 수단은 지하철인데 무료 이용하는 노인들 때문에 적자가 늘어난다는 뉴스를 보고 미안해 나름대로 배려하는 것"이라고 말했다.

1980년대 노인(65세 이상)이 인구의 3.9%에 불과하던 시절, 경로 우대 목적으로 도입된 지하철 무임승차는 노인 인구가 급증(올해 14.0%)하면서 대표적인 '사회적 부담'이 됐다. 노인들은 '지공거사(地空居士: 지하철 공짜로 타는 노인이라는 뜻의 은어)'라는 조롱에 냉가슴을 앓고, 일부 젊은층들은 "적어도 출근 시간만이라도 유료화해야 한다"고 목청을 높인다. 노인 무임승차에 따른 적자 보전책을 두고 지방 자치 단체와 정부의 공방도 점점 커지고 있다.

참고: 한국일보(2017.12.5.)

"지하철 무임승차 줄여야" vs "노인들 공짜 신발 뺏겠다고?"

CBS 라디오 〈김현정의 뉴스쇼〉 (2017.12.6.)

김현정 여러분, 지공거사라는 말 들어보셨습니까? 사자성어가 아니고요. 지하철을 공짜로 타는 노인이라는 뜻의 은어로 쓰인답니다. 65세 이상이면 지하철 무료죠. 1984년에 이 제도는 도입이 돼서 올해로 33년째를 맞고 있습니다. 그런데 65세 이상 노인이 전체 인구의 14%를 넘어서면서 '경제적 손실이 너무 크고 형평성에서도 어긋난다. 노인들 무임승차 없애든지 아니면 연령 기준이라도 좀 높이자'라는 주장이 나오기 시작했고요. 급기야는 얼마 전 국회에서 토론회가 열리기도 했습니다. 저희 〈뉴스쇼〉에서도 짧은 토론회 시간을 좀 가져 보려고 합니다. 여러분의 의견도 보내 주시죠. 먼저 지하철 무임승차 연령을 지금보다 올려야 한다고 주장하시는 분 가톨릭관동대학교 홍창의 교수 연결이 되어 있습니다. 홍 교수님, 안녕하세요.

홍창의 안녕하세요.

김현정 이어서 연령 상향 조정 안 된다. 지금처럼 유지해야 된다고 생각하시는 분, 아주대학교 유정훈 교수님도 나와 계시죠.

유정훈 안녕하세요.

김현정 안녕하십니까, 먼저 홍 교수님, 무려 33년째 65세 이상 노인들에겐 무료였는데 연령을 높여야 된다고 지금 주장하시는 이유는 뭘까요?

홍창의 아무래도 전체 인구 중에서 노인 인구 증가율이 높기 때문에 65세 이상이라는 기준을 가져가기에는 여러 가지로 부담이 되지 않는가. 어떤 예측 조사를 보면 2060년도에는 65세 이상 노인 인구가 우리나라에서 41%에 달할 거라고 봐요.

물론 60년은 아주 먼 미래라고 생각을 하시겠지만 과연 지금 65세 기준 노인 연령 또 노인에게 무료로 승차하게 해주는 제도를 바꿔야 된다는 게 벌써 제 기억만으로도 10년 전부터 있었거든요. 그런데 계속해서 변화는 없고 그러면 앞으로 2020년, 2030년, 2060년까지도 이 추세로 그대로 갈 수 있을까. 그렇다면 미리미리 좀 이런 부분에 대해서 검토도 하고 논의도 해서 변경을 하고.

어떻게 보면 저는 70세 이상이라고 주장을 해왔지만 이것도 사실은 더 미래로 가게 되면 70세 이상도 노인 인구가 만만치 않은 시절이 오게 되면 그 부분도 70세의 고정값이 아니라 유연한 생각을 가지고 좀 더 상향을 하는 그런 생각을 가져야 된다고 봅니다.

김현정 노인 인구가 이렇게 계속 늘어나는 상황에서 일단은 70세, 그리고 상황이 변하면 더 올려야 된다라는 주장, 지금 무임승차로 발생하는 손실이 어느 정도나 되나요, 교수님?

홍창의 무임승차로 발생하는 것을 손실이라고 보기는 조금 어렵고요. 왜냐하면 지하철이라는 것은 고정비 비중이 크고 변동비 비중이 작거든요. 물론 지금 아무래도 적자죠. 영업 손실액이 발생을 하고 적자지만 그게 무임수송으로 인한 적자라고 볼 수는 없다는 얘기죠.

김현정 그게 다 그 탓이라고 보기는 어렵다, 알겠습니다. 유정훈 교수님, 어떻게 생각하세요? 이런 이유라면 올려야 되는 것 아니냐.

유정훈 일단 용어가 좀 잘못됐는데요. 2가지인데 홍 교수님도 말씀하셨지만 손실이라는 용어가 좀 잘못됐고요. 왜냐하면 30년 전부터 (65세 이상 노인을) 이미 요금을 안 받는 대상으로 삼고 모든 철도 계획들이 세워졌습니다. 지금도 수도권이나 지방에서 새롭게 전철을 만들자, 이렇게 할 때 이미 요금을 징수하는 대상에서 빠져 있습니다. 그래서 다 이게 나중에 건설도 하고 운영도 해서 잘 돌아갈 거다라고 이야기를 하고 건설을 한 건데요. 엄청난 돈을 들여가지고. 그런데 이제 와서 이게 못 받으니까 손실이다. 손실이라는 용어가 잘못됐고요. 그다음에 노인 부분인데 지금 이슈가 노인이 65세는 노인이 아니지 않냐 이런 이야기를 하는데.

김현정 이미 노인 인구가 너무 많아져서 65세도 너무 젊은 축에 속한다, 이런 의견 지금 많이 올라와요.

유정훈 그게 무임승차 제도라고 하는 게 법적으로 노인복지법을 근거로 하고 있거든요. 그러다 보니까 노인 이야기를 하는데 원래 대중교통의 어떤 복지의 취지가 사회적으로 약자들, 예를 들어서 경제 활동을 다 은퇴하신 분들에 대한 혜택이거든요. 그래서 이게 지금부터라도 노인 무임승차라기보다는 은퇴자 무임승차 이런 용어가 바람직할 것 같고요.

김현정 은퇴자 무임승차, 그 의미는 그러니까 우리 사회에 공헌을 하고 은퇴한 분들에 대한 배려다, 이런 의미로 받아들이자라는 말씀이세요?

유정훈 그렇습니다. 그러다 보니까 자꾸 노인의 기준이 뭐냐, 이건 사실 본질하고 벗어난 부분이거든요. 그래서 지금부터라도 논의를 노인이냐 아니냐는 제외해야 된다고 말씀드리고 싶습니다.

김현정 홍 교수님, 지금 청취자 1369님도 방금 전 유 교수님하고 비슷한 의견 주셨어요. '산업화 시대에 착취당한 세대가 지금의 노인 세대이다. 이 정도 배려는 해줘야지, 65세라고 해서 돈 내라고 하는 것, 이건 너무 가혹하다'라는 의견 어떻게 생각하십니까?

홍창의 저는 이해는 하는데요. 돈이 많이 남아돌면 그럴 수도 있죠. 그런데 생각을 해보세요. 지금 재벌들도 다 65세 넘었을 텐데 그분들도 무임승차해야 된다고 하면 국민 정서상 맞나요? 그 다음에 저도 사립 학교(교수)니까 은퇴를 하고 연금을 받겠죠. 공무원들도 고액 연금 수령자들도 있고. 경제적 여유가 있는 노인들도 있을 텐데 그분들을 꼭 무료로 해줘야 되나요?

김현정 재벌과 경제적인 여유가 있는 분들까지 무임으로 하면서 사회가 그걸 젊은층이 감당해야 될 이유가 있겠는가?

홍창의 그래서 저는 그 복지 좋죠. 복지를 반대하는 건 아니에요. 복지 좋은데 전부 다하는 그런 보편적 복지가 아니라 선택적 복지, 집중적 복지가 이루어져야 된다, 그런 생각인 거죠.

김현정 유 교수님, 어떻게 보십니까? 재벌까지 지하철 요금 대줘야 되는가?

유정훈 교통은 좀 다른 것 같습니다. 우리가 항상 슬로건 하는 게 승용차 이용을 줄입시다, 나홀로 차량 없앱시다, 이런 게 그만큼 우리 사회가 대중교통 중심으로 가야 된다, 그게 엄청난 사회적 비용을 줄인다라는 거거든요. 누구나 무료로 승용차 이용을 줄임으로 인해서 전 사회적으로 혜택을 받는 거기 때문에 이걸 차별화한다는 건 돈 있는 사람은 그럼 계속 승용차 타십시오, 이런 이야기거든요. 그리고 아까 홍 교수님도 지적하셨지만.

김현정 그러니까 대중교통 장려 차원의 의미도 있다는 말씀이에요.

유정훈 맞습니다. 그리고 이게 도시 철도가 워낙 비쌉니다. 지금 수도권만 하더라도 보통 1200억, 1500억 이러거든요. 그리고 철도가 한 번 건설하고 나서 또 운영하는 데 워낙 돈이 많이 들어요. 그래서 굉장히 사회적으로 엄청나게 비싼 시설 하나 우리가 가지고 있는 건데. 이랬을 때 이걸 더 많이 사용하게끔 하는 게 가장 바람직하고요. 그리고 예를 들어서 추가로 사람들이 이용을 했을 때 이게 비용이 늘어난다 이러면 안 되지만 사실 이건 거의 추가로 이용한다고 했을 때 원가가 늘어나지 않거든요.

김현정 어차피 운행하는 거니까?

유정훈 맞습니다, 통계를 보더라도 모든 전국의 도시 철도가 킬로미터당 운송 원가를 보면 소위 말해서 10명 이용하나 100명 이용하나 거의 차이가 없습니다.

김현정 그런 의미에서 65세 유지하자는 말씀. 홍 교수님, 어차피 이분들 지하철 무임승차 안 하고 돈 받게 되면 자기 차 운행할 경우가 더 많아질 거다. 대중교통 장려 차원에서 괜찮지 않느냐 어떻게 생각하세요?

홍창의 대중교통으로 전환을 유도하는 차원에서 장려할 거라고 하면 낮은 연령대 65세 미만 연령대도 그만한 기여는 한 거거든요. 그래서 그건 전체적인 이용자들 측면에서 다 무임이면 모르지만 유료와 무임이 연령으로 구분되어 있을 때 대중교통 전환을 거기에 적용하는 것은 다소 무리라고 보고요. 다만 이제 그런 건 있죠, 사회적 이슈로 보면 요즘 70세 이상의 고령 운전자 사고가 최근에 4배 늘었거든요.

김현정 맞아요.

홍창의 그러니까 그런 부분으로 해서 고령 운전자가 계속 개인 승용차를 몰아서 사고를 내게 하느니 대중교통으로 전환하게 해서 그분들로 하여금 혜택을 주자. 이런 것은 연령 기준으로 봐 가지고 얘기는 될 수 있지만 65세 이상에서부터 70세 미만까지는 또 그런 부분들이 안 나타나거든요. 그래서 지금 말씀하신 거는 사회적 이슈가 될 때 대중교통 전환에 대한 어떤 논리라든지 근거는 될 수 있지만 오늘 토론하고 있는 그 내용은 약간 좀 무리가 있는 논리 같아요.

김현정 아까 전에 두 분 다 지하철 공사의 손실에 대해서는 크게 말씀 안 하셨습니다마는 지금 청취자 여러분들은 좀 다른 얘기를 하세요. 지하철 공사가 분명히 적자이다. 그리고 무임승차, 노인들의 무임승차가 어느 정도 역할을 하고 있는 것도 인정을 해야 되는 상황이라면 결국 그것은 공사의 손실은 국민들이 세금으로 부담하고 있는데 언제까지 그러면 계속 국민들 세금, 젊은이들이 내는 세금으로 부담할 것인가. 형평성 차원에서라도 나이 조정해야 되지 않겠냐는 의견이 꽤 많이 들어옵니다. 이건 유 교수님한테 질문드려야겠네요.

유정훈 제가 은퇴자라고 말씀을 드렸는데 이게 젊은층한테 사회 활동, 경제 활동을 할 때는 교통비가 그렇게 큰 부담이 아닐 수 있습니다. 그런데 은퇴하신 분들 같은 경우에는 아무리 의식주가 풍족해도 이동이 안 되면 사실은 사는 게 아니잖아요. 그래서 이 은퇴자들한테 무임승차는 일종의 공짜 신발을 드린 거랑 같은 거거든요.

김현정 공짜로 신발 드리는 거다, 사회가?

유정훈 그렇습니다. 왜 그러냐 하면 지금 은퇴자들 보시면 가장 많이 하시는 게 등산도 가시고 북한산도 가고 청계산도 가고요. 그다음에 노인분들 온양 온천도 가시고 춘천 가시는데, 이게 다 하루에 5000원, 1만 원 가지고 하루를 아주 의미 있게 보낼 수 있는 거거든요.

김현정 그런데 그걸 하지 말자는 게 아니라 연령을 좀 올리자는 건데.

유정훈 그러니까 이게 이런 모든 어떤 사회에서 제공하는 배려하는 제도라고 하는 게 우리가 돈을 100원을 투자해서 사회적으로 100원 이상의 가치가 있느냐 없느냐 이걸 따져야 되거든요.

김현정 사회적 가치.

유정훈 그렇게 봤을 때.

김현정 65세가 맞다.

유정훈 맞습니다. 지금 8000억 정도 이야기하거든요, 손실을 보전하는 게. 그런데 계산을 해보면 우리 사회적으로는 8000억 이상의 효과가 있는 거기 때문에.

김현정 알겠습니다. 65세 유지가 맞다. 사회적 가치에서 봤을 때. 마무리 발언으로 듣고요. 홍 교수님도 마무리 발언 30초 드리겠습니다. 공짜 신발 드리는 걸로 이해해라, 어떻게 생각하세요?

홍창의 물론, 저도 토요일이나 일요일날 그런 분들 보면 건강하게 사시는 것이 좋아 보입니다마는 평일날 출퇴근 시간대에 대부분 노인들이 노인석, 교통약자석이 아니라 일반석에 앉아 계시거든요. 그런데 빽빽하게 출퇴근에 콩나물시루처럼 유임으로 서 있는 젊은이들을 보면 이건 아니다 싶은 거예요. 그래서 출퇴근 시간대는 좀 자제할 수 있는 그런 제도. 그다음에 너무 100% 무임보다는 지하철 타시는 노인분들도 좀 당당하고 떳떳하게 50%라든지 아니면 코레일과 형평성을 맞춰서 30%, 이런 식으로 점차적으로 제도를 세밀하게 다듬어 갔으면 좋겠어요.

김현정 알겠습니다, 여러분의 의견이 굉장히 많이 들어오네요. 저희가 정리 좀 해 보겠습니다. 두 분 고맙습니다.

홍창의 감사합니다.

김현정 지하철 무임승차 연령 상향 논란이 일고 있습니다. 가톨릭 관동대학교 홍창의 교수, 아주대학교 유정훈 교수였습니다.

참고: 〈김현정의 뉴스쇼〉 (2017.12.6.)

토론 주제

대중교통 등의 무임승차에 대한 개정이 시급하다는 여론과 노인 복지의 강화라는 차원에서 개정은 부당하다는 의견이 있습니다. 전면 개정 또는 부분 개정에 대한 논의에 대하여 조별로 토론하여 입장을 결정하고, 결정된 내용에 대하여 문서로 작성해 봅시다.

주요 토의 내용

결정 내용

결정 이유

토론 시 조원 간에 활용된 의사소통능력은 어떠한 것들이 있었는지 적어 봅시다.

DISCUSSION 2

개(반려동물) 안락사 논란

| 자료 |

반려견과 관련된 사고에 대한 견주의 책임과 함께 반려동물에 대한 안락사 논쟁이 보도되고 있다. 반려동물과 관련된 사고는 비단 요사이에 일어난 사건이라기보다는 아주 오래전부터 있어 왔던 일이다. 그러나 반려동물의 수가 급속히 늘어나고 무분별한 사육과 유기되는 동물의 현상이 이젠 도가 지나치다는 생각이다.

"또 물게 뻔해" vs "견주 책임인데?"

CBS 라디오 〈김현정의 뉴스쇼〉 (2017.10.25.)

김현정 수요일의 코너, 라디오 재판정입니다. 백성문 변호사님, 어서 오세요.

백성문 안녕하세요.

김현정 노영희 변호사님, 어서 오십시오.

노영희 안녕하십니까.

김현정 오늘 재판정 주제 바로 들어가겠습니다. 뜨겁습니다. 이미 문자도 많이 왔습니다. 개 물림 사고라고 하죠. 이제 이 말이 신조어로 자리잡아 버렸네요. 개 물림 사고와 관련해서 사람을 문 개에 대해서는 안락사를 시켜야 하는가. 아니다, 개가 무슨 죄냐. 안락사는 말이 안 된다. 오늘 바로 이 주제, 라디오 재판정에 올려 보겠습니다. 아직 우리 법에는 없는 거죠, 사람을 문 개를 안락사시켜야 된다, 안 된다. 노 변호사님?

노영희 그렇습니다.

김현정 그렇지만 미국, 영국, 프랑스 이런 곳에서는 이런 법이 있습니다. 그래서 이것을 법으로 제정하자는 여론이 일고 있어서 오늘 라디오 재판정에 올려 보는 건데요. 우선 노 변호사님, 소개해 주시겠어요? 어떤 배경에서 나온 건지.

노영희 그러니까 모두들 아시겠지만 유명 음식점 대표가 유명 연예인의 가족이 키우는 개에게 물려서 사망한 사건이 화제가 되면서 개 물림 사고에 대한 사회적 관심이 매우 높아졌는데요. 사실 우리가 생각하는 것보다 상당히 많은 숫자의 사람들이 개에 물렸다고 하는 얘기가 나오고 있습니다. 그래서 이것 때문에 동물이 사람을 무는 경우에는 우리가 법적으로 안락사를 시키도록 하는 게 맞지 않느냐라는 얘기가 시작이 되었고 과연 그렇게 하는 것이 최선이냐, 이런 얘기까지 지금 나오고 있는 것입니다.

김현정 그래요, 두 변호사님 입장부터 확인하겠습니다. 백성문 변호사님?

백성문 개의 생명권 굉장히 중요하다, 이런 말씀 많이 하시잖아요. 피해자 가족 입장에서 보십시오. 이런 경우에는 안락사시키는 게 맞습니다.

김현정 백 변호사님, 안락사시켜야 한다. 안락사법 필요하다, 찬성 입장. 노 변호사님은?

노영희 저는 안락사는 최후의 수단이어야 되고 그 전에 그 개를 제대로 관리하지 못한 우리들의 책임이 먼저 있기 때문에 무조건적인 이런 안락사 주장이라고 하는 것은 조금 너무 과한 게 아닌가라는 생각입니다.

김현정 안락사까지는 과하다, 안락사법 반대. 이렇게 생각하시는 분은 반대, 노변호사, 노변, 이렇게 보내주시면 되고요. 안락사시켜야 된다 생각하시는 분들은 안락사 찬성, 백변, 이렇게 보내주시면 되겠습니다.
오늘도 제가 강조를 드려야겠어요. 이 두 분은 본인 입장과 상관없이 저희가 지정해 드렸습니다. 백 변호사님한테 항의하시면 안 되고요. 또 반대 입장이신 분들도 노 변호사님께 항의 전화 안 됩니다.

노영희 아 참, 제가 하나 말씀드릴게요. 저희 사무실로 전화해서 직원들한테 험한 말을 하시는 분들이 계시다고 제가 들었어요. 조금만 자제해 주십시오.

김현정 정말요? (웃음) 여러분, 저희가 시킨 거예요. 이분들한테 항의하시면 안 됩니다. 사람을 문 개에 대한 안락사법 제정 논란, 어떤 분부터 말씀을 해주셔야 할까요. 백 변호사님, '안락사까지는 너무 과한 거 아니냐. 이거 어쨌든 기르는 사람 책임 아니냐. 개가 뭘 아느냐.' 어떻게 생각하세요?

백성문 일단 제가 아까 피해자 가족의 입장에서 한번 생각해 보십시오라고 스타트를 했죠. 제 주변에 그런 분이 한 분 있어요. 딸이 개한테 얼굴을 물렸습니다. 그래서 그 얼굴의 흉터는 평생 가요. 그런데 그 문 개가 그 가족 눈 앞에서 왔다갔다 한다고 생각을 해보세요. 그러니까 물론 개의 생명권도 중요하지만 더 중요한 게 사람의 생명권, 사람의 건강권입니다. 그런데 아까 관리 얘기를 하셨는데 그러면 관리 잘못한 사람한테 책임을 물으면 되지라는 표현을 쓰셨죠? 무슨 책임을 지나요? 처벌도 굉장히 미약하죠. 실제로 얼마 전에 한 번 딱 실형을 선고받은 사례가 있기는 하지만 과실치상이나 과실치사죄로 처벌받는 것? 그렇게 크지 않습니다.

김현정 그러면 지금은 어느 정도 받아요? 이번 최시원 씨 가족 개 같은 경우는?

백성문 최시원 씨 가족 같은 경우는 아예 처벌을 안 받고요.

김현정 합의가 되면 안 받아요?

백성문 합의가 만약에 안 됐다고 하더라도 이 사망의 원인에 대해서 명확하게 규명이 안 됐잖아요. 그러면 이분이 최초에 물려서 다친 것까지만 책임을 지게 됩니다, 이번 같은 경우에는. 그러면 과실치상은 벌금이에요.

김현정 벌금형 정도.

백성문 그런 상황에서 관리를 제대로 안 한 사람한테만 책임을 묻고 사람을 문 개가 돌아다닌다면 피해자 가족 입장에서는 어떻겠습니까? 그리고 이번에 아까 유명 음식점 대표의 가족들이 이런 얘기를 했어요. 합의를 해주면서 '이 개의 처분에 관련해서는 최시원 씨 가족의 양심에 맡긴다'는 표현을 썼습니다.

김현정 '양심에 맡기겠다', 노 변호사님.

노영희 최시원 씨 개가 사람 문 것에 대해서, 주인이 어떤 처벌을 받느냐에 대해서 지금 백 변호사님께서는 처벌 안 받는다고 말씀하셨는데요. 그 부분은 녹농균이라고 하는 균이 실질적으로 개한테서 나온 것이어서 패혈증으로 사망했다는 인과 관계가 밝혀지게 되면 사실은 과실치사 혐의를 받을 수밖에 없는 거고요. 이건 반의사불벌죄도 아니에요. 그러니까 과실치상은 반의사불벌죄여서 처벌을 원하지 않는다고 하면 가해자가 처벌받지 않지만 과실치사의 경우에는 그런 게 아니기 때문에 지금 기본적으로는 만약에 그런 인과 관계가 입증이 된다고 한다면.

김현정 입증이 된다면.

노영희 입증이 된다고 한다면, 입건해서 과실치사죄를 물을 수도 있습니다. 그러니까 무조건적으로 안 하는 건 아니고요. 저 같은 경우에는 사실 저는 옛날에 개를 키웠었어요. 얼마나 귀여워요, 너무 사랑스럽고 좋죠. 그런데 개라고 하는 것은 사람이 어떻게 훈련을 시키느냐, 어떻게 그 개를 관리하느냐에 따라서 많이 다르다고 하는 것을 우리들이 일반적으로 알고 있는

데 지금 그런 것에 대한 책임은 혹은 관리, 예방 같은 것들은 전혀 하지 않고 그냥 개가 사람 물었다는 것만으로 무조건적으로 안락사를 시켜야 된다고 한다면 사실 그거는 기본적으로 본인의 책임을 다른 쪽에 전가시키는 것하고 같지 않을까 이런 생각을 제가 조심스럽게 말씀드립니다.

백성문 그런데 지금 관리 얘기를 하셨는데 그러니까 결국 관리를 하지 않아서 개들이 사람을 무는 거죠, 지금 말씀하셨던 것처럼. 그러면 관리 안 한 사람에 책임을 묻는다고 가정을 하고 그 개는 한 번 사람 물면 사람 물면 사람을 또 무는 습성이 있어요.

김현정 한 번 문 개가 또 문다, 이런 얘기가 있어요.

백성문 그러면 그분한테 예를 들어서 잘못한 사람을 처벌해서 벌금형을 받건 했다고 하더라도 그 개는 계속 사람을 물 가능성이 있습니다, 그렇죠? 그런 상황에서 이 관리를 잘못했으니까 관리자만 책임을 져라고 하는 것은 너무 순진한 생각인 것 같고, 그러니까 개 물림 사고가 요즘에는 연간 1000건 이상이에요. 그리고 극단적으로 사망하는 경우까지 있습니다. 그리고 실제로 사람을 물어서 사람의 생명이 위태로운 상황이 되면 실제로 살처분해요, 사살합니다. 그 현장에서. 그것과 실제로 사람을 물어서 죽이고 그 이후에 안락사시키는 것하고 뭐가 달라요?

김현정 그러니까 멧돼지가 달려들려고 하면 당연히 살처분하죠. 이것처럼 개가 사람 물려고 할 때 방어적으로 사살할 수 있는 것과.

백성문 실제로 큰 개가 사람을 물어서 경찰에 신고를 하고. 그런데 사람을 문 상태에서 떨어지지 않으면 경찰은 사살해요, 실제로.

김현정 사살해요. 그건 허용이 돼 있어요.

백성문 그거는 허용이 됩니다.

김현정 그것과 사람을 이미 물어서 사람을 죽인 개를 나중에 사살하는 것과 어떻게 다르냐?

백성문 그렇죠, 똑같죠. 그러니까 그것은 피해자, 피해자 가족 입장을 제가 말씀드리는데 이것은 개를 소유한 분 입장에서도 본인이 관리를 부실하게 했기 때문에 개를 잃는 거예요. 그것 역시 관리 책임이라고 봐야죠.

김현정 노 변호사님?

노영희 한 번 문 개가 또 문다고 하는 것이 마치 진실인 것처럼 전제를 깔고 말씀하셨는데 사실 그 부분에 대해서는 공식적으로 연구된 게 없고요. 한 번 문 개가 또 문다는 것은 확인되지 않았습니다.

김현정 그것은 속설이라고 생각하는 부분이다?

노영희 그것에 대해서 그걸 전제로 사실로 깔고 얘기를 하시면 안 될 것 같고, 오히려 개는 경험이나 그런 학습을 잘하기 때문에 그렇게 하면 안 된다는 것을 학습하게 되면 그런 무는 행동을 하지 않는다는 얘기가 있습니다.

김현정 오히려 학습과 교육을 잘 시키면 얼마든지 개선할 수 있다?

노영희 그리고 두 번째로는 사고를 일으킨 개는 안락사를 시켜야 되는지가 문제가 되고, 주요 국가에서는 그런 의무화가 있는지 이런 것들이 문제가 되는데 주요 국가에서 의무화 있습니다. 안락사시킬 수 있습니다마는 안락사를 시키기 전에 예방책을 먼저 이해할 것이 선행돼야 합니다.

김현정 어떤 걸까요?

노영희 예를 들면 사람들이 얼마나 교육을 잘 시키는지 훈련을 잘 시켰는지 행동을 잘 제대로 할 수 있게끔 했는지인데요. 예컨대 독일에서는 개를 키울 때 매일 운동을 안 시키면 옆집에서 신고를 할 수 있게끔 되어 있어요.

김현정 운동을……. 운동시키는 것하고 무슨 상관이에요?

노영희 그 얘기는 뭐냐 하면 개가 왜 무느냐, 개도 결과적으로는 스트레스를 받았고 자기가 지금 이 상황에서 뭔가 벗어나기 위해서 그런 행동을 하는 거고, 또 더 중요한 것은 이 상황에 대한 판단 능력이 제대로 없는 상태에서 개한테 무조건 뭐라고 할 수 없기 때문이다라고 하는 얘기가 있는 거거든요.

김현정 그러니까 개한테 운동을 시켜서 평소 풀어 줘야지만 안 무는데.

노영희 풀어 주고, 개는 예를 들어서 '무는 본능'이 있다고 하면 손이나 몸을 이용해서 놀아 주면 안 되는 것이고, 개를 키울 때. 그다음에 만약에 개가 물었는데 뭔가를 개가 원하는 걸 해 줬다, 이런 식으로 되면, 아, 내가 물면 이런 식으로 보상을 받는구나라는 걸 개들이 학습하기 때문에 그러지 못하도록 하는 게 맞다는 거죠.

김현정 정리하자면 노 변호사님 입장은 안락사로 바로 가는 건 과하고 그전에 다른 방법들, 운동 안 시키면 신고하게 한다든지, 아니면 사람에 대한 처벌을 강하게 한다든지, 이런 걸 한번 먼저 써 보자, 이 말씀.

백성문 그러니까 이 모든 문제의 출발점은 '우리 개는 안 물어요'에서 출발해요. "우리 개는 안 뭅니다."

김현정 우리 개는 안 무는데 왜 유독 백 변호사님한테만 보면 저렇게 달려드는가.

백성문 그렇죠, 저만 보면 뛰어들고 이런 것.

김현정 왜 그러는 걸까요? 이상해요.

백성문 그래서 제가 왜 이 말씀을 먼저 드리냐 하면 우리나라 애견 인구가 1000만이 넘었잖아요.

김현정 많아요.

백성문 그런데 본인이 기르는 개를 어디 위탁해서 교육을 시키거나 그렇게 관리를 철저히 하는 분들이 물론 있겠지만 그렇게 많지는 않아요. 그냥 정말 예뻐만 하는 분들이 많은데.

김현정 그렇죠.

백성문 저도 무슨 바로 안락사를 시키자라는 건 아니에요. 그런데 안락사 규정을 만들면 그런 교육을 스스로 시킬 수 있는 차라리 그런 환경을 만들어 줄 수도 있어요. 그러니까 지금은 내 개가 사람을 물건 뭐하건 별로 크게 문제가 안 되고 사실 이번 최시원 씨 사태 딱 터지고 나서가 지금 이슈가 됐지 과거에 이런 사건 엄청 많았어요.

김현정 맞아요, 물리는 사건 많았는데 이렇게 크게 이슈가 된 적이 없었어요.

백성문 그런데 워낙 유명한 음식점의 대표가 피해자고 워낙 유명한 한류 스타가 기르는 개가 물었기 때문에 이렇게 사태가 커진 거잖아요. 이제는 애견 인구 1000만을 넘어선 상황에서 어떻게 개를 관리해야 되는지, 그리고 본인이 관리를 하지 못하면 내가 기르던 개가 다른 사람 물어서 큰 피해를 입히면 안락사될 수 있다라는 정도의 경각심을 주는 게 필요하다는 거예요.

김현정 청취자 의견 보겠습니다. 3370님, "개 안락사시키는 것 찬성입니다. 가슴이 아프죠. 가슴은 아프지만 그래야지만 주인들도 강한 책임감을 느낄 거다." 이게 백 변호사님 의견하고 정확히 일치하네요. "우리 어머니도." 이분……, 장미 축제를 갔다가 물리셨대요. 그러니까 놀이공원에 갔다가 아마 개를 데리고 온 어떤 사람이 있었나 봐요. "그 흉터가 정말 큽니다." 3370님. 반면에 9918님은 "개 안락사 반대합니다. 견주들 교육 강화를 시켜야지, 그래서 그런 사람들에 대해서만 키울 자격을 준다든지 이렇게 해야지 세상에 나쁜 개가 어디 있습니까." 이런 주장들 들어오고요. 4802님, "동물에 대한 권, 동물권, 동물의 권리를 중요시하는 캐나다에서도 사람을 공격한 동물에 대해서는 반드시 찾아서 사살합니다." 이런 법이 있는데 왜 우리나라는 안 되냐. 안락사 찬성. 3094님, "무슨 말입니까? 안락사라니요. 사람이 문제입니다. 개 사고를 견주 사고로 똑같이 적용시키기 시작하면 개 물림 사고 아마 거의 사라질 거다." 이분은 노 변호사님 찬성. 이렇게 들어오고 있습니다. 보내 주십시오. 50원의 단문, 100원의 장문 유료 문자입니다. #1212 열어 놓고. 사실은 개 안락사 문제가 이렇게 뜨거워질 줄은 몰랐거든요. 그러니까 이번 사건 파장이 우리나라뿐만 아니라 국제적으로 크다고 해요. 워낙 유명한 가수다 보니까. 그래서 이번에 한번 이 문제를 생각해 보자는 건데, 문자 보내 주시고요. 박양준 님, "안락사시켜야 됩니다. 앞으로는 지팡이 하나씩을 가지고 다녀야 할 판입니다. 겁나서요." 이런 문자 주셨어요. 반면에 김진욱 님은 "개가……", 이분은 이게 무슨 말씀이신지, "개가 목을 물어뜯어서 직접 사망 원인을……, 이번 같은 경우는 개에 물리자마자 바로 이분이 돌아가신 건 아니지 않느냐." 정도에 따라서 달라져야 된다. 안락사로 갈지 말지. 또 이런 대안 주신 분도 계세요. 논쟁을 이어가 보죠. 노 변호사님, 아까 많은 분들이 그러셨어요. 그러니까 이게 세상에 나쁜 개는 없다고 하지만 지금 이런 식으로 사건이 계속 커지다 보면 사고가 많이 일어나다 보면 좀 더 강력한 대책을 써야 되지 않겠느냐.

노영희 그렇죠, 당연히 써야죠. 왜냐하면 개보다는 사람이 우선이라고 저는 생각하기 때문에 그건 당연한 말씀입니다마는 그렇다면 우리가 개를 그냥 안락사시킵시다라고 말하기 이전에 과연 우리가 얼마나 그 개를 위해서 혹은 그런 일이 발생하지 않도록 어떤 종류의 먼저 역할을 했고 일을 했느냐 생각을 해봐야 된다는 건데요. 저는 이런 분은 개를 키우면 안 된다고 생각해요. 첫 번째 너무 바쁜 사람.

김현정 바쁜 사람.

노영희 너무 바빠서 그 개를 돌볼 수 없다는 거죠. 두 번째 혼자 사는 분.

김현정 왜요?

노영희 왜냐하면 반려견이 하루 종일 혼자 있게 되면 그 스트레스와 외로움과 분리 불안을 감당할 수 없는 거예요. 사람이 보기보다 훨씬 더 개는 민감한 부분이 있기 때문에.

김현정 그런데 혼자 사는 분들이 사실은 외로워서 개 많이 키우시는데.

노영희 그렇죠, 그래서 키우시는데, 좋을 때, 내가 들어와서 나에게 위안을 주는 존재로서의 개로 사실은 보고 싶어서 키우는 거잖아요. 그런데 그 개가 하루 종일 혼자 있을 거 생각해 보세요. 그러니까 얼마나 불안하고, 게다가 그 사람들은 늦게 들어가기도 하고 일이 있어서 소홀히 할 수가 있는데 그럴 경우의 개 입장을 한번 생각해 보십시오.

김현정 개 입장…….

노영희 그다음에 또 하나는 개를 화풀이 대상으로 키우는 사람들이 있어요.

김현정 이건 진짜 안 되죠.

노영희 개한테, 함부로 개를 집어 던지거나 개한테 공격적인 행동하는 사람들이 있거든요.

김현정 그런데 아까 혼자 사는 분들은 키우지 말아라, 극단적으로 말씀하시면 혼자 사는 분들 되게 섭해요.

노영희 (웃음) 그건 일반 시중에 나와 있는 말들을 제가 드리는 건데.

김현정 혼자 사시는 분들도 열심히 운동시키는 분도 계시는데 그런 거 제외하고.

그런 분들은 제외하고.

노영희 맞습니다. 어쨌든 제가 드리는 말씀은 이런 식의 얘기가 지금 나올 정도로 왜 이런 얘기가 나오겠습니까? 이 얘기의 전체적인 흐름을 살펴보게 되면 한 가지로 귀결이 됩니다. 개에게 사랑과 애정을 주지 않는 상태에서 개를 키우게 되면 그 개가 사실은 여러 가지 공격적인 혹은 우리가 뜻하지 않은 여러 가지 나쁜 결과를 낳게 할 수도 있으니까 조심하자, 이런 얘기를 하는 거죠.

김현정 맞아요. 그것부터 우리가 인간들이 잘하고 있는지를 보고 그다음에 안락사 논하자. 노 변호사님의 최후 변론으로 보겠습니다. 백 변호사님.

백성문 그러니까 우리 보통 개를 키우시는 분들이 굉장히 훌륭하게 잘 키우시는 분들도 많은데.

김현정 그렇죠.

백성문 예를 들어 한강 시민 공원 같은 데 목줄 없이 다니는 분들 많아요.

김현정 아직도 많아요.

백성문 그런데 그 부분에서 단속을 하려고 하면 당신이 뭔데 이걸 가지고 뭐라 그래, 그래서 실제로 걸린 게 2만 건 정도 되면 과태료 부과 처분이 된 건 50건이 채 안 됩니다. 그런 기본적인 인식이 변해야죠. 그런데 그런 기본적인 인식조차 없는 상황이라면 견주의 책임을 강화하는 측면에서라도 내 개가 사람을 공격해서 큰 상해를 입히거나 사망에까지 가게 된다면 그 경우에는 안락사시키는 규정을 둬야 오히려 경각심을 불러일으킬 수 있다, 그런 생각이 듭니다.

노영희 짧게 한마디만 드릴게요. 지금 백성문 변호사님이 말씀하신 건 맞는데 결국 그것은 누구 책임입니까? 개 주인이 잘못됐다는 거잖아요. 그러면 개

주인의 잘못 때문에 개가 죽어야 된다는 논리네요.

김현정 개 주인 잘못 때문에 왜 개가 죽어야 되느냐. 이제 이게 노 변호사님의 핵심 변론입니다. 여러분, 어떻게 생각하세요? 지금 입마개 같은 경우에는 규정이 어떻게 되느냐는 질문이 많이 들어오는데.

노영희 맹견, 3개월 이상 된 맹견에 한해서 입마개를 하도록 동물보호법 시행령에 규정돼 있고요.

김현정 그럼 목줄은 반드시 답니까?

노영희 목줄은 모든 개에 다…….

김현정 모든, 조그마한 개든 큰 개든 다고.

노영희 동물보호법에는 목줄을 하게끔 되어 있고 맹견인 경우에는 시행령에 3개월 이상 된 개에 대해서 입마개를 하도록 돼 있습니다.

백성문 그런데 그 맹견의 기준이 애매해요.

김현정 맹견 몇 종류 안 되죠?

노영희 다섯, 여섯 종류 있죠.

백성문 "사람을 상해 입힐 가능성이 있는 개" 이렇게 규정돼 있어서 사실 어디까지인지 알 수가 없습니다.

김현정 규정 강화도 일단 되긴 돼야겠네요.

노영희 그렇습니다.

김현정 여러분들의 의견 집계가 됐습니다. 사람을 문 개에 대해서는 안락사를 시켜야 한다. 아니다, 개가 무슨 죄냐. 우리 청취자 여러분들의 선택은 16%

대 84%. 84 대 16으로 '그런 개에 대해서 안락사시켜야 한다' 쪽의 손을 들어 주셨네요. 이번 사건이 아직도 진행 중이어서 여론이 아마 또 크게 작용했으리라고 봅니다. 압도적으로 표차가 났어요.

백성문 사실 저나 노영희 변호사님이나 그렇게 의견이 크게 다른 게 아니에요. 지금 우리가 하고 있는 내용도 결국 관리도 열심히 해야 되고 그게 잘못돼서 정말 크게 문제가 되면 결국에는 안락사시킬 수밖에 없다는 건 어찌 보면 동일한 의견입니다.

김현정 그래요. 이번 기회에 한번 개에 대해서 진지하게, 반려견에 대한 이야기 생각해 봐야겠습니다. 두 분 고생하셨습니다.

백성문 고맙습니다.

노영희 고맙습니다.

참고: 〈김현정의 뉴스쇼〉 (2017.10.25.)

토론 주제

반려동물과 관련된 사회 문제로 견주에 대한 각성의 요구·처벌과 함께 반려동물의 안락사가 논의되고 있습니다. 보도 자료를 읽고 조별로 토론하여 도출된 결과를 작성하고 조별로 발표해 봅시다.

주요 토의 내용

결정 내용

결정 이유

토론 시 조원 간에 활용된 의사소통능력은 어떠한 것들이 있었는지 적어 봅시다.

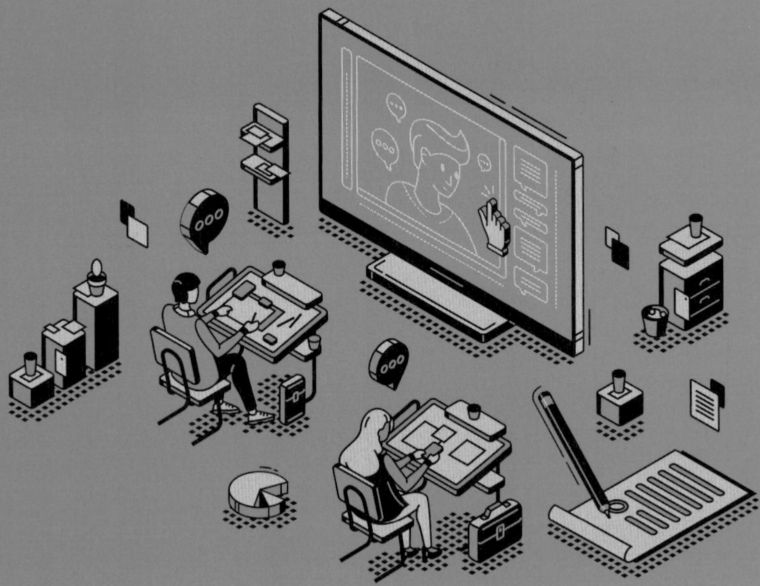

8

유아교육과 의사소통

1. 아이들의 의사 표현(언어 발달) 향상 방법
2. 영유아와의 대화 시(지도) 상황에 따른 대처
3. 영유아 교육 기관의 문서
4. 영유아 시기의 자기 조절
5. 영유아 시기의 자기 조절 길러 주기

의사소통의 범주

<table>
<tr><th colspan="4">누리과정(영유아)과 직업 기초(직업인)의 의사소통 범주</th></tr>
<tr><th colspan="3">영유아의 의사소통</th><th>직업 기초
의사소통</th></tr>
<tr><th>목표</th><th>내용 범주</th><th>내용</th><th>내용 구분</th></tr>
<tr><td colspan="3">일상생활에서 필요한 의사소통능력과 상상력을 기른다.</td><td>직업 기초</td></tr>
<tr><td rowspan="6">일상생활에서
듣고 말하기를
즐긴다.</td><td rowspan="6">듣기와 말하기</td><td>말이나 이야기를 관심 있게 듣는다.</td><td rowspan="6">언어(말):
경청 능력과
의사 표현 능력</td></tr>
<tr><td>자신의 경험, 느낌, 생각을 말한다.</td></tr>
<tr><td>상황에 적절한 단어를 사용하여 말한다.</td></tr>
<tr><td>상대방이 하는 이야기를 듣고 관련해서 말한다.</td></tr>
<tr><td>바른 태도로 듣고 말한다.</td></tr>
<tr><td>고운 말을 사용한다.</td></tr>
<tr><td rowspan="3">읽기와 쓰기에
관심을 가진다.</td><td rowspan="3">읽기와 쓰기에
관심 가지기</td><td>말과 글의 관계에 관심을 가진다.</td><td rowspan="6">문서(글):
문서 이해 능력과
문서 작성 능력</td></tr>
<tr><td>주변의 상징, 글자 등의 읽기에 관심을 가진다.</td></tr>
<tr><td>자신의 생각을 글자와 비슷한 형태로 표현한다.</td></tr>
<tr><td rowspan="3">책이나 이야기를
통해 상상하기를
즐긴다.</td><td rowspan="3">책과 이야기
즐기기</td><td>책에 관심을 가지고 상상하기를 즐긴다.</td></tr>
<tr><td>동화, 동시에서 말의 재미를 느낀다.</td></tr>
<tr><td>말 놀이와 이야기 짓기를 즐긴다.</td></tr>
</table>

참고: 이미화(2020)

1. 아이들의 의사 표현(언어 발달) 향상 방법

1) 반복적 훈련

의사 표현에 서툰 아이, 머뭇거리는 아이들은 쉽게 할 수 있는 것부터 반복적으로 훈련하는 것이 좋다. 혼자 할 수 있는 것은 스스로 하게 하여 자신감과 자존감을 향상시켜 주어야 하고 과정과 결과에 대한 칭찬(피드백)은 필수적이다.

올바른 의사소통을 통한 교사의 역할 확인 TIP

- 겸손한 교사
- 즐기는 교사
- 관찰하는 교사
- 반응하는 교사
- 신뢰하는 교사

표 8-1
의사 표현 향상 방법

놀이	내용	효과
• 비눗방울 불기 • 나팔 불기 • 볼 부풀리기 • 메롱 메롱	• 조음 기관 발달 • 발성을 위한 준비 과정 • 혀의 높낮이에 따른 발성	발성
• 비슷한 표현으로 바꿔 말하기 • 아이가 한 말 따라 하기	• 쉽게 구체적인 어휘 사용 • 반복 학습(표현) 짧게 • 유사한 표현 숙지 • 단어의 의미	의사 표현
• 동요에 부르기 • 동화책 표현 따라 하기 • 청각 자극 주기	• 사물의 이해 • 단어의 사용 이해	언어 이해

2) 명확해지는 문장

영아기에서 유아기로 성장하면 아이들은 표현하는 문장이 명확해진다.

- 사건과 사건의 연결도 어느 정도는 구체적이다.
  ~면서, ~며, ~해서, ~는데, ~지만, ~하면 등과 같이 문장을 연결해 주는 문법 표현을 자유롭게 구사한다.
- 시간의 경과를 표현한다(과거, 현재, 미래).
  았, ~었, ~할 거야, ~하고 있어요.
- 꾸며 주는 말을 통해 정서와 감정 표현이 자유롭다.
  예쁜, 행복한, 아름다운, 즐거운 등
- 사동(내가 시키는)과 피동(내가 당하는)의 표현으로 관계 파악을 이해하고 있다.
  "고양이한테 내가 밥을 먹일게." (사동)
  "나 옷 좀 빨리 입혀 줘." (피동)

이러한 특징들의 혼란이 있다면, 예를 들어 본인이 가야 하는 상황을 "내가 올게" 등과 같이 잘못 표현한다면 관점과 상황에 따른 올바른 표현 방법을 이해시키고 표현 즉시 바로잡는 것이 필요하다.

2. 영유아와의 대화 시(지도) 상황에 따른 대처

영유아를 지도하는 교사로서 매우 다양한 상황을 접하게 된다. 긍정적인 부분이라면 지도하는 데 더욱 힘을 얻겠지만 때로는 부정적인 반응과 행동으로 교사를 당황스럽게 할 수도 있다.

아래의 상황을 이해하고 할 수 있는 올바른 대처 내용과 답변을 적어 보자.

상황1: 대충 넘어가는 아이

(활동 및 작품 제작 시간이 40분인 경우)

아이: "선생님, 저 다했어요."

선생님: "앞에 있는 도구로 하나 더 만들어 볼래?"

아이: "같은 거 또 만들라고요?"

ASK | **당신이 이런 아이를 지도하는 선생님이라면 어떻게 대처하겠는가?**

상황2: 하지 않으려는 아이

아이: "선생님, 이 카드 꼭 써야 되나요?"

"선생님, 안 쓰면 안 되나요?"

ASK | **당신이 이런 아이를 지도하는 선생님이라면 어떻게 대처하겠는가?**

상황3: 중간에 포기하려는 아이(활동 또는 영유아 대인 관계)

아이: "선생님, 이 문제는 포기할래요."

"선생님, 혜경이는 싫어요."

"노력해 봤는데 재랑은 정말 안 맞는거 같아요."

ASK | **당신이 이런 아이를 지도하는 선생님이라면 어떻게 대처하겠는가?**

1) 대충대충 넘어가는 아이

영유아와 관련된 모든 활동에서 나타날 수 있는 상황이므로 기본 원칙을 세우고 그것을 대상 아이들에게 미리 알려 주어 정해진 규칙(룰)을 지키게 하자.

대부분의 활동에서 대충 넘어가는 아이들에게 지도하는 교사가 하는 실수 중에 하나는 지도 과정에서 일회적인 해법만을 말하는 경우이다. 이런 단편적인 답변은 지속적으로 이어지는 경우가 빈번한데, 이럴 경우 아이는 회피하게 될 우려가 있고 모든 상황을 지시에만 의존하는 수동적 아이가 될 수 있다.

2) 하지 않으려는 아이

이럴 경우에도 상황1과 마찬가지로 그냥 해보자.

일단 하라는 모호한 답변보다는 왜 해야 하는지 설명 또는 동기 부여의 방법으로 대처하여야 한다. 예를 들어 먼저 아이를 이해하는 말로, "그래, 이것이 정말 하기 싫은 모양이구나. 하지만 우리가 매번 하고 싶은 일만 하는 사람이 과연 몇이나 있을까? 가령, 오늘은 귀찮아서 양치를 안 하고, 그리고 내일도, 그 다음 날도……. 그리고 어떠한 과정에서 하기 싫더라도 그것을 견디고 진행하면 또 다른 경험과 새로운 느낌을 얻을 수 있지 않을까? 그런 과정을 거치면서 사람들은 너를 성실한 아이로 보게 될 거야. 그런 다양한 경험을 할 수 있는 활동으로 이해해 줄 수 없겠니?"

이와 같이 아이들을 먼저 이해하고 그 과정을 극복할 수 있도록 해야 한다.

3) 중간에 포기하려는 아이(쉽게 포기하려는 아이)

이런 경우도 먼저 아이의 문제를 이해하려는 시도가 우선시되어야 한다.

"그래, 그런 부분이 힘들었겠구나. 이해할 수 있어. 그런데 ○○와 앞으로도 계속 같이 지낼 건데 불편하지 않을까? 다른 방법은 없을까? 먼저 ○○와 네가 다른 사람이란 걸 이해해야 해. 그렇기 때문에 문제가 생기는 것이 당연하지. 선생님이 매일 운동하는 거 알지? 근육을 키워서 강한 사람이 되려고 말이야. 그런 근육이 마음에도 있다고 생각하면 어떨까? 여러 어려움을 이겨 내고 극복할 수 있는 마음의 근육……. 그런 힘을 키운다면 앞으로 친구들과 더욱 어려움이 있어도 이겨 낼 수 있지 않을까? 너의 강한 힘이 궁금해지는걸."

학급 경영에서 상황별 대처 요령에 나오는 내용 중에,

공감 + 감정의 근육 멘트 + 함께함

이란 표현이 있다.

아이들(대상)과의 공감을 바탕으로 해당 내용을 극복할 수 있는 효과적인 '말'과 함께하고 있다는 안정감이 부정적인 상황에 대한 대처로 활용될 수 있다.

그리고 아이들에게 '동기 부여'를 하는 것도 매우 효과적이다. 동기 부여는 일회성이 아닌 지속 가능함을 전제로 하기 때문에 교사 역할에서 중요한 방법이다. 예를 들어 중간에 포기하거나 대충 넘어가려는 아이들이 있다면 과정의 평가가 동기 부여가 될 수도 있고, 또는 학부형 발표 등의 최종 목표를 설명함으로써 결과에 대한 동기 부여가 가능하다.

REFERENCE 13

긍정적인 대화법

1. 행동 반영

행동 반영은 성인이 아이에게 관심을 갖고 있음을 인식시키는 가장 효과적인 방법이다. 행동 반영이란 개인적 의견이나 평가가 아닌 보고 들은 것을 아이 중심으로 정확하게 표현하는 것을 말한다. 예를 들어 비 오는 날 아이가 유치원 등원 시 가지고 온 우산을 보며, "와, 초록 우산이 너무 예쁘네", 밝은 아이 표정을 보며, "웃는 모습이 너무 매력적이야" 등과 같이 그 시기에 아이를 관찰하고 본 것을 자세하게 비판 없이 표현해 주는 것이다. 이런 행동 반영을 사소한 것이라 여기는 사람도 있으나, 아이는 '나를 보고 있구나', '나에게 관심이 있구나'라고 받아들이기 때문에 이러한 표현은 긍정적 대화법의 기초가 되고 '관심을 받는 나'는 가치 있는 존재라는 인식을 하게 된다.

보는 것(관찰)+관심(호감)+긍정적 표현=신뢰감(상호 작용)

ASK | **행동 반영을 활용하여 친구에게 표현해 보자.**

2. 부연 반응

부연 반응은 아이가 '말'한 것을 바꿔서 표현해 주는 것으로, 아이에 표현의 틀은 유지하며 사용된 단어 등을 다른 말로 반복해 주는 것을 말한다. 행동 반영과 마찬가지이고 표현은 비판단적인 진술에 해당한다. 예를 들어 "선생님, 제가 이렇게 표현했어요"라고 말했다면, "와, 이렇게 새롭게 표현할 수도 있구나"라고 표현함으로써 아이의 감정을 세심하게 살피는 것으로 인식될 수 있다.

아이들의 소통에서 경청과도 관계가 있는 부연 반응은, 경청이 단순히 침묵하며 듣는 것이 아닌 "난 너의 말을 듣고 있어", "너를 이해해"라는 의미를 지닌 표현으로 메시지 전달의 가장 이상적인 방법 중 하나이다.

3. 정서 반영

정서 반영은 아이가 어떠한 일상 또는 특정한 상황에서 경험하는 감정을 인식하고 그 감정적 정서에 대하여 명명하는 것으로, 부모나 교사가 아이에게 정서와 관련된 표현을 함으로써 신뢰감과 유대감 형성이 강화된다. "선생님, 저는 이렇게 그렸어요"라고 말했다면, "와, 정말 창의적인걸. 아주 자랑스럽겠다"와 같이 표현하는 것이다. 여기에서는 자랑스럽다라는 표현이 정서 반영에 해당되며 이외에도 기쁘다, 슬프다, 행복하구나, 실망했구나 등과 같이 아이의 눈높이에 맞는 감정 단어를 표현할 수 있다. 아이들이 어떠한 표현에 대하여 그 감정을 읽고 감정 표현을 '말'로 표현해 주는 것이다.

알맞은 정서 반영의 표현을 듣는 아이는 '어른이 나의 말을 잘 들어 주고 수용하는구나'라고 인식한다. 또한 정서 반영을 통해서 자신의 감정에 대한 이해와 관심이 증대되고 타인의 정서에 대한 이해와 공감으로 발전하게 된다.

• 수준 높은 정서 함양과 사회성 발전

4) 아이들과 대화하는 방법

아이는 어른의 거울이라는 말이 있다. 그만큼 우리 성인들이 의도를 가지고 하는 표현과 은연 중에 하는 여러 '말'과 '말투'를 그대로 습득한다. 따라서 아이들의 보육과 교육을 담당하는 부모, 교사들의 역할이 이 시기에 매우 중요하다.

긍정적인 대화법은 아이들에게 부모와 교사를 위안과 격려, 응원을 해주는 존재로 인식하게 되며 결과적으로 아이에게 성인에 대한 신뢰감 형성에 도움이 된다. 또한 의사소통에서 긍정적인 의사소통의 방법을 자연스럽게 습득하게 된다. 이를 통해서 대인 관계의 자신감이 생기고, 부모, 교사와의 관계가 더욱 좋은 관계로 발전하게 된다. 아이가 예쁘게 말하고, 상대를 배려하고, 이해심이 많은 행동과 말을 한다면 과연 아이한테만 좋은 일일까? 보육을 담당하는 부모와 교사도 도움을 받는 것이다.

긍정적인 상호 작용을 바탕으로 하는 대화는 아이의 긍정적인 자아 인식, 자아 존중감 발달에 영향을 준다.

5) 부정적인 대화법

부정적 대화는 환경 요인과 관계가 있다. 즉, 부정적인 언어 환경이란 어른들이 한 말이나 또는 추론 가능한 생략된 말 때문에 아이가 자신은 가치가 없고, 사랑받지 못 한다고 생각하며 그로 인해 중요하지 않은 존재로 느끼게 하는 것을 말한다.

사례로는 아이에게 악담을 하고, 소리를 지르는 일, 또는 차별받고 있다고 느끼는 일 등이 있다.

| 부정적인 언어 환경 7가지 |

- 무관심: 기본적으로 아이는 상호 작용을 원한다.
- 성의 없는 반응: 대화 주제를 바꾸는 것, 다른 대답 또는 폐쇄적 답변 등
- 예의에 어긋난 태도: 대화 도중에 끼어들기, 비꼬면서 말하기, 무반응 등

- 평가적인 반응: 아이가 듣는 상태에게 아이 평가하기, 기분 나쁜 말하기, 별명 부르기 등
- 아이가 자신의 의지를 표현할 기회와 시간을 주지 않는 것
- 아이와의 눈높이 대화가 아니라 제약과 통제를 하기 위하여 말하는 것
- 아이의 관심 열정을 무시하거나 회피하는 것

3. 영유아 교육 기관의 문서

영유아 교육 기관에서 쓰는 문서들은 다음과 같다.

[별지 제21호 서식] 〈개정 2017.2.22.〉

신원진술서(약식)

성명		한자		주민등록번호	−	[사진] 사진 파일 가능 (3×4cm) · (3.5×4.5cm)
등록 기준지						
주소						
실거주지						
직장	직장명: 소재지:				연 락 처	직장 전화: 휴대폰: E−mail:

학력	학교명	기간	전공 학과	학위	소재지
		. . ~ . .			
		. . ~ . .			
		. . ~ . .			

경력	기관 · 업체 및 정당 · 사회 단체명	기간	직책(직급)	상벌 관계(일자)
		. . ~ . .		
		. . ~ . .		
		. . ~ . .		

해외 거주 사실	거주 국가	기간	거주 목적	동반 가족
		. . ~ . .		
		. . ~ . .		

병역	군별	기간	병과	최종 계급	미필 사유

배우자 부모 자녀	관계	성명	생년월일	관계	성명	생년월일

1. 위 내용은 사실과 다름이 없으며, 기재 사항 누락 및 허위 기재 사실이 있을 경우 「국가공무원법」 등 관계 법령에 따라 불이익을 받을 수 있다는 사실을 고지 받았음을 확인합니다.
2. 사실 관계 확인을 위하여 「개인정보보호법」 제15조(개인 정보의 수집 · 이용)에 따라 개인 정보의 수집 · 이용에 동의합니다.

년 월 일

작성자 성명 인(서명 또는 날인)

서약서

소　　속:

직　　급:

성　　명:

생년월일:

위 본인은 ○○ 유치원 직무 외에 아래의 영리 업무에 종사하지 않을 것을 서약합니다.

- 상업, 공업, 금융업 또는 그 밖의 영리적인 업무를 스스로 경영하여 영리를 추구함이 뚜렷한 업무
- 상업, 공업, 금융업 또는 그 밖에 영리를 목적으로 하는 사기업체(私企業體)의 이사·감사 업무를 집행하는 무한 책임 사원·지배인·발기인 또는 그 밖의 임원이 되는 것
- 본인의 직무와 관련 있는 타인의 기업에 대한 투자
- 그 밖에 계속적으로 재산상 이득을 목적으로 하는 업무

20○○.　　　.　　　.

서약자 :　　　　　　　(서명)

○○ 유치원장 귀하

○ ○ 유치원

사직원

소　　속:

직　　급:

성　　명:

생년월일:

본인은 (　　　　) 사정으로 인하여　　년　　월　　일자로

사직하고자 하오니 허락하여 주시기 바랍니다.

○○○○년 ○○ 월 ○○일

교사 홍길동(인)　홍길동(반드시 자필 서명)

(이름 알아볼 수 있도록 정자로 자필 서명)

○○ 유치원 설립자 귀하

※ 면직일은 근무일에 포함되지 않습니다. (2019.02.28.까지 근무 시 면직 일자는 2019.03.01.)

사직원은 반드시 자필로 작성할 것

가정 통신문

(○○ 유치원)2020-12(2020년 9월 24일) 전화:

아침저녁으로 선선한 바람이 가을을 느끼게 합니다. 코로나19라는 힘든 상황 속에 추석을 앞두고 가족과 모인다는 설렘과 걱정이 함께할 것이라 생각됩니다. 각 지역의 추석 코로나 방역 대책을 확인하시어 우리 가족과 국민 모두의 건강을 위해 지혜롭게 행동해 주시기를 부탁드립니다. 유치원에서는 고유의 명절 '추석'의 의미에 대해 아이들과 이야기 나누며 본래의 가치는 배우며 가도록 계획하겠습니다. 즐거운 추석 명절 보내시기 바랍니다.

1. 교육부 개발 건강 상태 자가 진단 시스템 안내

앞서 안내드린 대로 교육부에서 건강 상태 자가 진단 시스템을 구축하였습니다. 따라서 9월 28일(월)부터는 교육부 건강 상태 자가 진단 시스템을 통해 매일 등원 전 유아의 건강 상태를 확인해 주셔야 합니다. 함께 보내드리는 '학생용 퀵가이드'에 접속 및 참여 방법이 안내되어 있습니다. 문의 사항이 있으시면 유치원으로 연락 주시기 바랍니다.

2. 영유아 건강 검진 관련 안내

지난번 안내드린 바와 같이 영유아 건강 검진 관련법 개정으로 아래의 내용이 변경되었습니다.

- 올해부터 건강 검진 날짜 및 검진 기관을 생활 기록부에 필수 기재해야 합니다. 무료 건강 검진 시기를 놓칠 경우 부모 부담으로 검진을 실시하셔야 하오니, 기간 내 검진을 꼭 받으시기 바랍니다.
- 유아 편으로 보내드린 '영유아 건강검진 정보 제공·이용에 관한 동의서'에 동의 의사를 표시해 주시면 예전처럼 건강 검진 결과서를 제출하지 않으셔도 유치원에서 직접 유아의 건강 검진 관련 정보를 조회할 수 있습니다.
  (미동의하실 경우 영유아 건강 검진 결과서를 유치원으로 직접 제출해 주셔야 합니다.) 동의서를 다음 주 화요일까지 보내주시기 바랍니다.

3. 환절기 감염병 예방을 위한 당부

일교차가 큰 환절기에는 유아들이 쉽게 입고 벗으며 체온을 조절할 수 있도록 조끼, 카디건 등을 챙겨 봐 주시기 바랍니다. 더불어 외출 후 손발 씻기, 실내복으로 갈아입기, 충분히 휴식 취하기 등 개인 위생 수칙을 준수할 수 있도록 지도해 주시기 바랍니다.

○ ○ 유치원

내일 일기 예보에 미세 먼지로 인하여 교육부에서 유치원의 제한적 등원 지침이 전달되었다. 이러한 내용을 학부모에게 알리기 위한 가정 통신문을 작성하여야 한다. 관련 내용이 효과적으로 전달될 수 있도록 작성해 보자.

가정 통신문

(○○ 유치원)　　–　　(　년　월　일)　　　　　　　전화:

○ ○ 유치원

정보 제공 동의서(약식)

- 본인은 신원 조사 기관이 본인에 대한 신원 조사를 실시할 필요가 있다는 것과 개인 정보(범죄 경력 등 민감 정보 포함. 이하 동일) 수집 목적 등 아래 유의 사항을 이해하였으며, 이를 위해 「개인정보보호법」 등에 의해 보호되고 있는 본인의 개인 정보를 동법 제15조(개인정보의 수집·이용)의 규정 등에 따라 신원 조사 기관에 제공하는 데 동의합니다.
- 이에 따라, 개인 정보 보유 기관장은 원활한 신원 조사를 위해 본인에 관한 개인 정보를 해당 신원 조사 기관에게 제공하여 줄 것을 요청합니다.
- 본인이 서명한 동의서 복사본은 원본과 동일하게 유효하다는 것을 인정합니다.

유의 사항(개인 정보 수집 목적 · 관리 방법, 정보 제공 동의 거부 가능 고지)

- 수집된 개인 정보 자료 · 개인 정보 제공 동의서는 신원 조사 목적으로만 사용되고, 「공공기록물관리에관한법률」에 따라 관리 · 폐기되며 수집하려는 개인 정보의 항목은 아래와 같습니다.
- 개인의 자유로운 의사에 따라 정보 제공 동의를 거부할 수 있습니다. 다만, 이 경우 신원 조사를 원활히 진행할 수 없음을 알려드립니다.

년 월 일

성명 (서명)

- 본인 동의

성명	생년월일	서명	
		개인 정보 제공 동의	민감 정보 제공 동의
		자필 서명	자필 서명

※ 신원 조사를 위해 수집되는 정보 자료 항목

개인 정보	민감 정보
• 주민 조회 자료(경찰청)	• 범죄 경력 · 수사 · 수배 조회 자료(경찰청)

개인 정보 보유 기관장 귀하

20○○학년도

교실 내 안전 점검표

반명: 담당:

○○ 유치원

교실 내 안전 점검표

담당		교사	전결

성명	내용	날짜					
		요일	월	화	수	목	금
교실	실내 온도 18도 이상 28도 이하 유지						
	창문 주변 딛고 올라설 만한 물건 비치, 적재 여부						
비품 및 놀잇감	날카로운 물건(칼, 송곳, 가위 등)의 안전한 보관						
	모든 비품 및 놀잇감의 날카로운 부분, 모서리, 가시, 갈라진 곳, 삼킬 우려가 있는 작은 부속품 포함 여부						
	비품 및 놀잇감의 안전한 배치: 유아가 꺼내고 수납하기 알맞은 높이, 크거나 무거운 것은 교구장 아래						
가구 · 설비	책상, 교구장 등 가구들의 안전한 배치 및 흔들림이 없는지 확인 여부(볼트, 못 고정 상태 등)						
화재 예방	전선 손상 여부, 콘센트의 안전 뚜껑 사용 여부						
	선풍기, 소독기, 전등, 컴퓨터 등 전기 제품 전원 차단						
	퇴근 시 교실 및 복도 창문 개폐 여부						
	가연성 물질의 보관 · 적재 여부						
	소화기 사용 가능 상태 확인						
	개인 전열 기구 사용 시 안전 관리 준수						
감염병 예방	손잡이, 화장실 레버, 스위치, 교구장 등 접촉이 빈번한 곳의 일상 소독 실시 여부						
	핸드타월, 손소독제, 마스크, 체온계 작동 여부 등 방역 물품의 충분한 구비						

○: 잘됨, △: 보통, ×: 불량

부모 상담 일지

<table>
<tr><td colspan="3">영유아명</td><td></td><td>상담 일시</td><td></td></tr>
<tr><td colspan="3">보호자명</td><td></td><td>상담자</td><td></td></tr>
<tr><td colspan="3">상담 방법</td><td colspan="3"></td></tr>
<tr><td rowspan="5">면담 내용</td><td colspan="2">가정생활</td><td colspan="3"></td></tr>
<tr><td rowspan="4">유치원에서의 생활</td><td>모임 (대그룹 활동)</td><td colspan="3"></td></tr>
<tr><td>자유 놀이</td><td colspan="3"></td></tr>
<tr><td>또래 관계</td><td colspan="3"></td></tr>
<tr><td>식습관</td><td colspan="3"></td></tr>
<tr><td colspan="2" rowspan="2">건의 사항</td><td>교사</td><td colspan="3"></td></tr>
<tr><td>부모</td><td colspan="3"></td></tr>
</table>

4. 영유아 시기의 자기 조절

자신의 욕구를 표출하는 부분에서 상황과 시기를 고려하여 절제하여야 하는 것을 이해하고 통제할 수 있는 것이 자기 통제력이다. 여러 감정적인 일에 대하여 감정을 상황에 맞게 올바르게 표현하는 유아를 정서 조질을 잘하는 아이라고 한다. 이러한 자신의 감정을 제어하고 조절하는 능력을 통틀어서 '자기 조절 능력'이라고 한다.

일상생활에서 발생하는 상황별 문제에 대하여 상대의 감정 및 사고를 이해하고 공감하며 아이가 스스로 문제적 상황을 해결할 수 있는 것이다.

1) 아동 발달과 자기 조절의 의미

영유아 시기 특히 영아기의 아이들은 모든 일을 스스로 할 수 있다는 착각을 의미하는 유아의 전능감에 대한 환상을 갖는다고 한다. 즉, 이 시기에는 모든 것이 자신의 관점에서 지각하는 자기중심적 사고이다.

| 유아의 전능감 |

: 자신의 욕구 표현에 따라 해결되는 것에 대한 심리

- 울음: 배고픔 해결
- 짜증: 기저귀 등 청결의 확보 등

만 1세 이후부터는 신체의 발달에 따른 다양한 의사소통이 가능해지므로 이 시기에 맞는 올바른 자기 조절 능력의 기초가 형성되도록 하여야 한다.

TIP **만 1~2세 시기의 자기 조절 발달 단계**

(이영애, 아동심리상담전문가, EBS 「부모」 프로그램 중에서)

- 마법의 세상에서 사람의 세상으로 걸어 나오는 단계
: 자신이 중심이라는 착각에서 벗어나 올바른 사회성의 기초를 마련하는 시기

- 자율성, 주도성이 형성되는 시기로 사회 속에서 살아가는 힘을 기르는 시기
: 자신의 의지 표현에 따른 성과와 실패를 겪으며 함께 살아가는 지식, 태도, 기술을 생각하고 습득하는 시기(되는 것과 안 되는 것에 대한 허락과 통제의 기초 틀 마련)

참고: 이영애(EBS, 2017)

표 8-1
자기 조절의 발달과 형태(1)

(만 1세 이전, 만 1~2세)

연령		만 1세 이전	만 1~2세
단계		**생리적 · 감각적 발달 단계** • 양육자와의 안정적 관계 형성 • 환경에 대한 반사적 • 신체적 반응	**자기 통제 단계** • 보육자의 요구 이해 • 보육자의 지적 및 지시 이해 • 보육자의 통제 가능
보육 태도		• 절대적인 보호 • 애정과 위안	• 일관적인 태토 • 무한한 애정 표현
결과 (효과)	긍정적	• 안정감	• 자존감 형성(자기감) • 자율성 확보
	부정적	• 불안	• 떼쓰기(고집) • 버티기

2) 자기 조절의 기초 공사

만 1~2세 시기의 일관성 없는 훈육 태도는 반응의 예측을 어렵게 하기 때문에 아이들은 혼란스러워하고 보육자와의 애착 형성을 방해한다. 이로 인해 아이들의 행동은 여러 상황에서 눈치를 보거나 결정의 회피 등으로 행동이 표출될 수 있다. 따라서 일관성 있는 보육자의 태도를 통해서 영유아기에 내면의 기준과 원칙이 형

(만 3~6세)

연령		만 3~6세
단계		**자기 조절 단계** • 내재적/자율적: 생각과 사고가 형성(내면의 목소리) • 만족 지연(당장 하고 싶은 것을 참는 행동) : 더 큰 것을 얻기 위함 • 억제하기(통제/사고에 의하여 참는 것) • 반성적 사고(자신의 행동에 대한 반성) : 행동 및 정서 조절
보육 태도		• 적절한 보상(과정에 대한 표현: 애정, 칭찬) • 언어를 통한 훈육 • 함께 놀이하기(역할극, 가상 놀이) • 자율적 경험
결과(효과)	긍정적	• 주도성(스스로 해보는 것)
	부정적	• 반항 • 의존 • 부적응

표 8-2
자기 조절의 발달과 형태(2)

성되도록 하여야 한다.

3) 자기 조절의 기본 틀 마련

만 3~6세의 시기는 내재적 사고가 형성되는 시기로, 보다 다양한 방법의 훈육이 요구된다. 이 시기에 형성되는 참는 힘은 사회성 형성에 중요하며, 스스로 생각하고 행동하는 주도성과도 관련이 있다. 보육 태도에서는 결과에 대한 보상도 중요한데, 보상의 개념은 물질적인 것보다는 애정과 칭찬 등의 방법이 적절하다. 애정과 칭찬 등의 표현 시에는 행동 반영, 부연 반응, 정서 반영 등의 섬세한 표현이 바람직하다. 그리고 아이와 함께하는 놀이를 통하여 이러한 자기 조절의 긍정적 요소가 자연스럽게 형성될 수 있도록 하여야 한다.

5. 영유아 시기의 자기 조절 능력 길러 주기

1) 공감

인간은 자신의 욕구와 주변의 사회적 기대 또는 규칙과 부딪치게 될 때 분노와 좌절감을 느낀다. 이때 감정을 수용해 주면 자신의 분노를 조절할 수 있는 힘을 얻는다. 자신의 감정을 올바로 인식하고 이해하는 사람은 다른 사람의 감정도 잘 공감할 수 있으므로 자기 조절도 잘하게 된다.

2) 옳고 그른 것

무엇이 옳고 그른 것인지를 알아야 거기에 맞춰 행동을 조절할 수 있다. 자신의 행동이 바람직한지 아닌지를 잘 모를 때가 많다. 잘못된 행동을 했을 때 명확하고 단호하게 안 되는 이유와 함께, 해서는 안 되는 행동임을 상대에게 알려 주는 것이 필요하다. 한 번 알려주었다고 바로 적용할 수 있는 것은 어렵기 때문에 반복적으로 주의를 주어야 한다.

3) 스스로 생각하고 선택하고 행동하게 하기

상황마다 어떻게 행동해야 하는지 지시하고 따르도록 하기보다는 상대(영유아)가 생각해 볼 수 있도록 기회를 주는 것이 좋다. 혼자 생각하거나 결정하기 어려운 상황에서는 제안과 유사한 비유를 통해 이해할 수 있도록 한다. 스스로 선택하는 과정을 통해 내적 동기가 유발되고 책임감도 높아져 자기 조절에 효과적이다.

4) 결과보다는 과정

자기 조절의 결과에 초점을 맞추기보다는 어떤 행동을 어떻게 잘했는지, 어떤 노력을 했는지의 과정에 대해 격려해 주는 것이 좋다. 옳은 행동을 했을 때 행동에 대해 구체적으로 언급하고 실행한 노력을 인정해 줄 때 상대(영유아)는 스스로 한 일에 대하여 더욱 자긍심과 성취감을 느끼게 된다.

REFERENCE

김범준(2017). 모든 관계는 말투에서 시작된다. 위즈덤하우스.

산업인력공단(2017). NCS 직업 기초 능력프로그램 의사소통능력. 산업인력공단.

설기문(1997). 인간관계와 정신건강. 학지사.

오윤선·유양숙(2019). 대인 관계와 의사소통. 창지사.

이창호(2007). 스피치 달인의 생산적 말하기. 북포스.

최애경·송연숙(2018). 의사소통능력-새내기 직장인의 이럴때는 이렇게!. 지식공동체.

하정연 외(2017). 누리과정과 연계한 숲유치원 운영. 양서원.

하정연(2013). 세상에서 가장 행복한 아이들. 라이온북스.

웹사이트

공문서(기안문서)작성 요령 http://ju82da.blog.me

네이버 지식백과 https://terms.naver.com. 자기소개서 작성 방법. 예스폼 서식사전. 예스폼.

네이버 지식백과 https://terms.naver.com. 주문서. 예스폼 서식사전. 예스폼.

네이버 지식백과 https://terms.naver.com. 커뮤니케이션의 의미.

동아일보 http://nuri.donga.com

디지털마케팅 커뮤니케이션 전략 트렌드 마켓캐스트 http://www.marketcast.co.kr

링크커뮤니케이션 http://www.yesform.com

마리끌레르 코리아 http://www.marieclairekorea.com

심리상담센터 청담 하버드 http://blog.naver.com

양국진스피치인재교육원 http://blog.naver.com/ykj4474

이시형 TV

한울다솜 http://blog.naver.com/zzangdol57

함께 생각하는 문서 작성 요령 http://blog.naver.com

CBS 라디오. 〈김현정의 뉴스쇼〉. 지하철 무임승차 나이, 높이는 게 좋을까요?(2017.12.6.), 개(반려동물) 안락사 논란 (2017.10.25.).

CIO Korea http://www.ciokorea.com

저자 소개

이상수

부산과학기술대학교 유아교육과 교수

leess@bist.ac.kr

유아 교사를 위한 **의사소통능력**

2020년 12월 22일 초판 인쇄
2020년 12월 29일 초판 발행

지은이 이상수
펴낸이 류원식
펴낸곳 **교문사**
편집팀장 모은영
디자인 신나리
본문편집 김남권

주소 (10881)경기도 파주시 문발로 116
전화 031-955-6111
팩스 031-955-0955
홈페이지 www.gyomoon.com
E-mail genie@gyomoon.com
등록 1960. 10. 28. 제406-2006-000035호
ISBN 978-89-363-2127-7(93590)
값 16,000원

잘못된 책은 바꿔 드립니다.